乳幼児の絵画指導
スペシャリストになるための理論と方法

芸術教育研究所 監修　**松岡義和** 著

黎明書房

指点描の作品

「野原のたんぽぽ」
2歳児（P.37参照）

綿棒を使った点描の作品

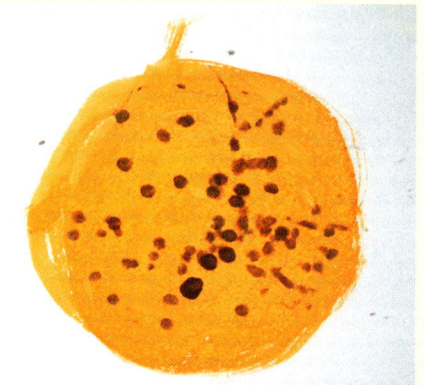

「おせんべい」1歳児　＊参考作品

意識した線（上から下）の作品

「雨がふる」2歳児（P.41参照）

リング状のまるの作品

「ドーナツ」3歳児（P.50参照）

量感を表現した作品

「かぼちゃ」5歳児 （P.62参照）

質感を表現した作品

「雪が降る」3歳児 （P.56参照）

色の濃淡を使った作品

「コスモス」5歳児 （P.61参照）

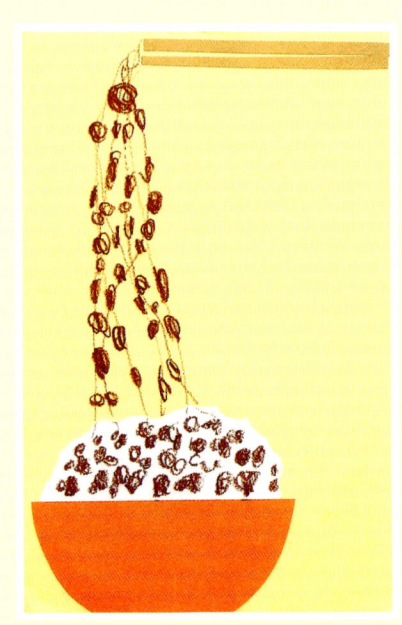

「なっとう」4歳児　＊参考作品

体の位置関係をとらえた作品

「人物を描く（全身）」5歳児
（P.63参照）

体の動きをとらえた作品

「人物を描く（動きのあるポーズ）」5歳児 （P.64参照）

「発表会のようす」5歳児
（P.70参照）

思い出を想像した作品

「うたをうたうぼくたちわたしたち」
5歳児 （P.71参照）

行事を描いた作品

「節分のおに」5歳児　＊参考作品

くらしを描いた作品

「雪の日」4歳児　＊参考作品　　　　「サッカー」5歳児　＊参考作品

はじめに

　美術教育の世界では，1945年の終戦は，それ以後の乳幼児の絵画指導を考える上では，革命的な出来事でした。アメリカから新しい幼児画の指導が導入され，チィゼックやローウェンフェルドの研究が文献によって紹介されたからです。

　さらに一部心理学者によって，「描画診断」や「幼児画の見方」[1]などの心理的分析が提唱されると，小学校はもちろんのこと，幼稚園・保育園においても，日本中で大流行します。分析の対象になったのは当然「自由画」です。

　「子どもは天才である。子どもの絵は教えてはいけない。技術指導などはとんでもない，子どもらしさや個性がなくなってしまう。心理的抑圧から解放されるためには，できるだけ大きな画用紙（または，模造紙）に大胆に，のびのびと自由に描かせるのがいい」

　創造美育協会[2]（通称：創美）が結成され，1950年代の創美の全国研究会は，お祭り騒ぎでした。長い軍国主義の国民学校令による教科書から解放されたのは意義がありました。しかし，「好きなことを描いてごらん」，「何を描いてもいいのよ」，「自由に描いてごらん」の言葉かけや，励ましだけでは子どもたちは絵が描けるようになりませんでした。

　新しい絵の会[3]が結成され，芸術教育研究所[4]が設立されて，1960年代からは乳幼児の絵画指導も教科論の立場から研究され，誰にでも描ける絵画指導の実践が深められるようになってきました。

　「自由画」は間違いではありません。のびのびと大胆に自分を表現する子どもというのは，私たちの願いであり，理想です。そのためには，絵画も指導しなければなりません。基礎的な能力や技能を教えてこそ，描きたいイメージや体験を描けるようになっていくのです。

　私が乳幼児の絵画指導に取り組んで，もう45年が経過しました。幼児はクレヨン画と信じて絵の具の材料や用具も揃っていない園が多いし，今も「紫色を使う子どもはどうしたらいいのでしょう」とか，「描きたがらない子，描けない子にどんな言葉かけをしたらいいのでしょうか」と研究会のたびに相談を受けます。題材を与えていないし，課題も設定していないのです。「母の日」には「お母さんの絵」というような行事中心カリキュラムも残っています。まるを描けない子に「お母さん」など描けるわけがありません。

　どのようにして「なぐり描き」から脱出するか。まるが描けない子には，どんな題材を与えたらいいのか。本書では具体的に解説しながら，指導法について実践例を紹介していきたいと思います。

　50年を経過した日本の乳幼児の絵画指導に，別な方法で挑戦してみようという保育者の勇気が必要です。そして，それを応援する園長先生の姿勢もまた，問われる時にきています。子どもは天才ではありません。まだ未分化です。しかし，すべての子どもたちに可能性は秘められているのです。それを掘り起こし，開花させるのは教育者（保育者）の仕事です。

　2007年7月

著　　者

目　次

はじめに　1

第1章　なぜ子どもに絵を描かせるのか　4

- 1 美術教育の一般的なねらい　4
- 2 美術教育の歴史　5
- 3 美術教育が担うべき役割　7
- 4 集団の中での絵画指導をどう進めたらよいのか　8

第2章　表現活動の基礎能力（絵を描くための基礎能力）　10

- 1 基礎能力の二側面（子どもの基礎能力と教師の基礎能力）　10
  - ① 「能力」ということ　12
  - ② 「指導」ということ　13
- 2 絵を描くためのいろいろな力　13
  - ① 絵描きあそび　13
  - ② ぬり絵　16
  - ③ よく見ること（観察）　16
- 3 「見る」ということ──視覚と知覚──　17
- 4 描画のための基礎能力　18
  - ① 点を描く力　18
  - ② 線を描く力　19
  - ③ 形をとらえる力　20
  - ④ 色をつける力──色と形は一体である──　21
  - ⑤ 質感をとらえる力　22
  - ⑥ 量・空間をとらえる力　23
- 5 絵の題材の選び方　24
- 6 指導の順序性　26
- 7 造形課題の設定　27

第3章　3歳未満児の表現活動　30

- 1 3歳未満児の表現活動のねらい　30
- 2 表現活動以前に必要なこと　31
- 3 何を教えたらよいか　33

目　次

　　4　どんな力がつくのか　34

実践例　「赤飯おにぎり」（1，2歳児）／「桜の花びらが散る」（1，2歳児）／「おたまじゃくし」（1，2歳児）／「野原のたんぽぽ」（1，2歳児）／「あじさい」（2歳児）／「若葉」（2歳児）／「足あと」（2歳児）／「ぶどう」（2歳児）／「ミニカーレース」（2歳児）／「雨がふる」（2歳児）

第4章　観察活動の指導　42

　　1　観察活動のねらい　42
　　2　何を教えたらよいか　43
　　3　どんな力がつくのか　43
　　4　年齢別にみる実践の作品例　46

実践例
　　［3歳児の観察表現］　46
　　4月「桜の花びらが散る」「チューリップの花」／5月「雨」／6月「あじさい」「水道」／7月「草」「ドーナツ」／8月「おだんご」「コスモス」／9月「目玉焼き」「さつまいも」／10月「落ち葉」「秋の木」／11月「後ろ頭」「正面向きの顔」／12月「雪が降る」「クリスマスツリー」
　　［4・5歳児の観察表現］　57
　　4月「春の空と野原」／5月「桜の木」／6月「あじさいの花」／7月「どうぶつを描く」／8月「コスモス」／9月「かぼちゃ」／10月「人物を描く（顔）」／11月「人物を描く（全身）」／12月「人物を描く（動きのあるポーズ）」

第5章　想像活動の指導　66

　　1　想像活動のねらい　66
　　　　①　なぜ想像活動が必要か　66
　　　　②　何を教えたらよいか　66
　　2　どんな力がつくのか（実践例）　67

実践例　「運動会（かけっこ）」（4，5歳児）／「運動会（つなひき）」（4，5歳児）／「運動会（玉入れ）」（5歳児）／「発表会のようす」（4，5歳児）／「うたをうたうぼくたちわたしたち」（5歳児）／「物語の絵・さるかに合戦」（4，5歳児）／「物語の絵・おおきなかぶ」（4，5歳児）

［参考資料］美術教育カリキュラムのくみたて方——5歳児の描画のための題材——　74
おわりに　77　　　註釈　78

第1章 なぜ子どもに絵を描かせるのか

1 美術教育の一般的なねらい

　精神的にも肉体的にも調和のとれた人間になりたい。これはギリシャ時代から求められてきた人間の理想像です。たくましい健康な体は調和のとれた食事による栄養補給，そして，適度な運動やスポーツによって，体位も体格も形成され成長します。

　心は食事や運動だけでは形成されません。芸術・文化の力を借りなければ心の発達はできず，人間の子どもは人間になりきれません。「やさしい心」，「いたわりの心」，「小さなもの・弱いもの・壊れやすいものをいとおしむ心」，そして，「美しいものにあこがれ，美しいものを愛し，美しいものを自ら創り出そうとする心」，それが芸術教育によって培われます。

　芸術教育は美術だけではありません。音楽も演劇も舞踊も文学もあります。それぞれが美しさを求め，美しさを創造し，人間の感性と情緒を高める力をもっています。絵を描くという活動はその中でもとりわけどんな力が育つのでしょうか。

　絵を描くということは「見る」ことです。私たちの目には日常的に家並みも電信柱も街路樹も見えています。しかしそれは，目に「映っている」のであって，見えてはいません。試しに電信柱を描いてみるといいです。自分が毎日一歩外へ出ると目にしている電信柱をいかに知らないか，見ていないかを描いてみるとわかります。絵を描くことによって，目と手の協応動作を通しながら見えてきます。木でできていると思った電信柱がコンクリートになっていることや，腕木(うでぎ)が１本の電信柱もあるけれど，２本あることや時には３本あることも見えてきます。上の腕木は高圧線で３本の電線が碍子(がいし)で止められているのに，下の腕木には２本の線（１００Ｖ）しかないことに気づきます。見ることはわかることへと発展し，見抜くという高度な認識力を発達させるのです。

　草花を描くことによって，自然の美しさ，けなげさに気づき，自然の法則にも認識は高まります。あじさいは，"上・下・左・右"の十字の４枚の花びらのかたまりであり，コスモスは放射線状に伸びる８枚の花びらで構成されていること，それよりも何よりも「きれい！」と感情の高まりを憶えます。こうした日常的に出合う１つ１つの感動が鋭い豊かな感性を磨き上げていくのです。

　美しいのは自然だけではありません。人間も美しいし，人間の生きざま，人間の暮らしの中にある美しさにも気づかなければなりません。子どもや若い人たちだけが美しいのではありません。仕事で荒れたお父さんのごつい手も美しいし，たくさんのしわが刻まれたおばあちゃんの顔も，人生という年輪を経てきた深い美しさがあります。絵を描

くことは，心の中でその対象と対話することです。

　美しさに気づき，美しさを大切にする子どもたちは，やがて醜いものを拒む子どもたちへと成長します。醜いものとは，「暴力」であり「テロ」であり，「戦争」です。

　ハーバード・リードは『芸術による教育』[5]の中で「芸術の教育は平和の教育である」と，結びの部分で提唱しています。日本の乳幼児の美術教育に生涯を捧げた多田信作氏も，実にわかりやすい言葉で「絵を描くことは，ご飯を食べることと同じぐらい大切なことです」と彼の多くの著書の中で語り，『乳幼児の教育』[6]の巻頭で「美の教育は平和の教育である」と述べています。

2　美術教育の歴史

　乳幼児の絵画指導が具体的に実践されだしたのは1950年代に入ってからですが，美術教育は江戸時代以前のことは別にして，明治5年（1872年）の新政府による学制が施かれ，小学校が義務教育になった時に始まります。

　その頃ドイツは，まだ，"プロイセン王国"と言っていました。ヨーロッパの教育が導入されたわけですが，日本ではこのプロイセンの模倣をして学制を発布したのです。ですから，図画の教科書も『新定画帖』[7]というプロイセンの教科書を模倣した教科書があったのですが，その使い方が日本の教師にはわかりませんでした。

　結局，日本画をもとにした「お手本」と呼ばれる教科書に変わっていきます。お手本を横に置いてそっくりに写し描きするもので，臨画(りんが)教育と言っています。それを覆したのは大正8年（1919年）の山本鼎(やまもとかなえ)による「自由画運動」[8]でした。

　大正デモクラシーを背景として画期的な一大教育運動として展開しました。山本鼎は画家でした。フランス滞在中にヨーロッパの子どもの絵を見て，日本の子どもたちがお手本をもとにもの写しの授業を受けていることに抵抗を感じたのです。その当時の作品を見ると，今の**「自由画」**とは違います。風景画も静物画も出てきます。なんで自由画かというと，お手本からの自由だったのです。

　第1回自由画展は，長野県上田市の神川小学校で開催され，54小学校，1幼稚園から9,800点の作品が出品されました。山本鼎は農民芸術にも生涯をかけましたので，上田城跡には「山本鼎記念館」があり，その足跡を偲ぶことができます。

　その後，昭和16年（1941年）の国民学校令によって，図画の教科書は「戦車」や「戦闘機」「肉弾三勇士」「忠犬ハチ公」というように，戦争一色にぬりかえられます。私が国民学校1年生（1944年）で記憶しているのは，父が海軍に出征していく夜行列車の見送りの

絵です。その絵は返ってきたのかどうか不明ですが，クレヨン画の夜の状景は今も思い浮かべることができます。

そして，「はじめに」でも紹介した戦後の**「自由画運動」**が展開されます。このあたりから幼児画が取り上げられますが，まだ，3歳未満児の保育が行われていませんでしたので，「乳幼児」とは言っていません。**「幼児画」**として色彩心理や精神分析，描画診断を中心にした研修会が熱心に開かれました。

幼児が何を求め，何を伝えたくてこの1枚の絵を描いたのか，幼児の心に寄り添って読み取ることは大切です。また，色彩と人間の心理にかかわる知識をもつことも大切ですが，それ一辺倒ではいけません。自由画さえ描けずに，いやむしろ自由画だからこそ描けないで，悩み，苦しみ，悲しみ，逃げ出す子どももいるのです。

「描けない子ども」や**「描きたがらない子ども」**をどう指導すればいいのか。励ましの言葉や環境の設定だけでは，子どもは絵が描けるようにはなりません。1960年代，新しい絵の会の実践家たちは，**「観察画」**（観て描く絵）と取り組みます。対象をくわしく見る。見ることによって色や形，質感や量感をとらえて描く。これも大切な方法です。でも，幼児はどうすればいいのでしょう。なぐり描きから脱出して，線やまるが意図的に描けるようになるにはどのような手だてが必要なのでしょう。

芸術教育研究所の所長であった多田信作氏は，それを表現のための「基礎能力」と名づけました。「上から下へ意図的な線が描ける」，「"グルグルまる"が描ける」そのためにはどんな題材があるか，芸術教育の会[9]の会員である幼稚園・保育園の実践家たちによって新しい題材が研究され，題材と造形課題が体系的に年間カリキュラムによって指導されるようになりました。1970年代のことです。

行事を描くことは間違いではありません。行事は時には素晴らしい題材になります。しかし，まだ，まるが描けない3歳児に「母の日」だからといって「お母さん」を描かせたり，ハサミの連続切りができない子どもに，「子どもの日」だから鯉のぼり製作をさせたりするのは間違いです。

表現には技術がともないます。絵の具の扱い方，チューブから出す絵の具の量，筆の扱い方，パレットとためし紙の関係，水入れにはなぜ3つ（または，4つ）の仕切りがあるのか。それは教えなければ子どもたちにはわかりません。それを教えたから抑圧されたとか，個性が失われたと考えるのは臆病すぎます。技術を取得してこそ，子どもたちは自分の描きたいイメージを描くことができるのです。

それが，芸術教育の会によって実践検証された最も新しい今日の「絵画指導」[10]です。

3 美術教育が担うべき役割

　芸術は大きく２つに分類することができます。それは，時間芸術と空間芸術です。時間芸術は時間の流れによって美や感動のテーマを追求し表現する分野で，姿形は見えません。それは文学であり，音楽がそうです。

　それに対して**空間芸術**は姿形が目の前にはっきりと見えます。絵画，彫刻，デザイン，工芸の分野がそうです。線や形や質感や量感，色彩によってテーマを追求し，自己表現をし，人々に感動を与えます。写真も空間芸術に入りますが，映画，演劇，テレビなどは空間と時間の両面を持っているので，**「総合芸術」**と分類しています。いずれも人間が5,000年もかかって築き上げた芸術です。

　ですから，現代に生きる子どもたちも，それらの芸術文化を享受し，継承し，さらに発展させる役割を担っています。みんなが芸術家になる必要はありませんが，ひとりの市民として教養を豊かにし，**芸術を楽しむ人間として育つ**ことは，生涯を楽しく精神的に豊かな人生をおくることになるでしょう。経済的，物質的な豊かさも必要ですが，それだけでは人間は幸せになれません。

　それだけに，**乳幼児期からいかに質の高い文化と出合うか**ということは，人生を決定づけるほど重要なことです。また，テレビ番組，アニメ，漫画にも秀れたものがありますから，決してあなどることはできません。しかし，絵本や児童文学を通して空想や創造の世界を楽しむことも大切です。映画や演劇を園の行事として取り組み**鑑賞すること**も大切であることは言うまでもありません。日常的に子どもの頃から家族でコンサートに通う家庭もありますが，多くの場合はナマの音楽を聞く機会は少ないです。小さなコンサート，ＣＤの音楽会，ボランティア演奏家によるソロやコンチェルトの機会をつくることは可能です。そのための努力をすれば協力者はいるものです。

　では，**美術教育はどんな力になっているのでしょうか**。絵画との対話，それは絵の鑑賞です。園内に名画の複製を額に入れて飾りましょう。「きれい」，「美しい」，「こんな野原へ行ってみたい」，19世紀ヨーロッパの自然主義や印象主義の絵を見た子どもは感じるでしょう。また，17世紀のベラスケスの「王女マルガリータ」を見ることによって「お姫さまみたい」，「どこの国の人だろう」，「何を食べて，どんな暮らしをしているのだろう」と絵画を通して世界や歴史に関心を持つかもしれません。審美眼や感性はこうした大人（父母や保育者）の働きかけや，環境設定，刺激によって育っていきます。

　何よりも自分で描けるということは喜びです。体験したこと，空想したこと，その喜びを**誰かに伝えたい。**この表現の衝動は「ねえねえ，聞いて」と言葉でも伝えられますが，言葉は消えていきます。そこにいた何人かにしか伝わりません。絵に描くことによって感動の追

体験ができるし、絵は残ります。壁にはって多くの人に見てもらうこともできます。これを感動の共有と言います。絵を描くことは最も身近な表現方法ですが、じっくりと「旭山動物園」に行った**喜びを粘土でつくることもできます**。粘土は油粘土ではだめです。本物の地面から掘り出した**土粘土**です。天日乾燥すると日干しレンガのように固くなるし、窯で焼けばテラコッタ（素焼）で永久に作品として残すこともできます。美術教育にはもう一つ**装飾**という領域があります。小中学校では工芸とかデザイン、造形という領域でとらえています。日本の色、日本の民族模様に乳幼児期から触れることも日本文化の継承という点から大切なことです。「ひも」、「帯」、「布」を使ったあそび、着せ替え人形などによって美意識が形成されます。しかし、日常的にこれらの実践は乏しいのが日本の美術教育の現状です。

4 集団の中での絵画指導をどう進めたらよいのか

　乳幼児の絵画は指導がなければ表現力は高まりません。励ましの言葉かけだけでは絵が描けないことを多くの保育者が経験していることでしょう。それに**教育**というのは、「みんながわかる」、「みんなが描ける」、「ひとりの落ちこぼれもつくってはいけない」のが教育です。

　3歳児をピアノの前に座らせて「自由に弾いてごらん」、「何を弾いてもいいのよ」という保育者はいないでしょう。掛算を教えていない小学2年生に分数を計算させようとする教師もいないでしょう。しかし、60人も教室に入れてクレヨンと画用紙を配り、「好きな絵を描いてごらん」という保育者はいるのです。小学校だってそうです。絵の具で「好きなもの」、版画で「好きなこと」、粘土で「好きな動物」、ステンドグラスで「好きな模様をつくってごらん」と、40人学級で平気で授業を進めているのが多くの実態です。

　好きなことを自由に描くほど難しいことはありません。それでも絵の指導は今でもそれが正しい、一番いい方法のように疑問も感じずに行われています。その背景には能力主義の考え方があります。すなわち、人間にはできる子とできない子がいる。それは血筋か親の遺伝に違いないと乱暴に結論づける先生や園長にも会ったことがあります。

　みんなが描ける絵画指導にこそ、「基礎能力」の指導が必要です。一斉指導の60人はだめです。どんなに気を配っても目が届きません。一斉指導には20人が限度です。それに絵を描く用具や描画材も1人1人の子どもが自分のロッカーに**自分の持ちもの**があるというようにはなっていません。こんなに経済的にも物質的にも豊かになった日本ですが、乳幼児教育の現場には関心が薄く、必要性を感じていない施設もあって現状は貧困です。

　年少組だからクレヨン、絵の具は年長組になってから使わせるというのも間違いで、両方が必要なのです。**クレヨンは線を描く**、描画材です。ロウが含まれているので、混色は絵の具のようにうまくいきません。それに比べて**面を描いたり、混色に適しているのは絵の具**です。絵の具は2歳児にだって必要です。すなわち描画材が先にあるのではなく、**「題材」によって描画材が決まる**のです。

用具が揃っていないからといって，絵画指導をあきらめるわけにはいきません。20人分の用具がなければ5人でもいいです。少人数グループで何回かに分けて指導すると，きめ細かな指導ができます。私たちは芸術教育の会の実践においても，**1970年代は幼児の絵画は線の指導から入っていました。**上から下へ線が描ける「水道の蛇口」，「雨」，下から上への線が描ける「草」，縦と横の線が描ける「はしご」，「園の柵」，「線路」というように，描画材はクレヨンが最適でした。

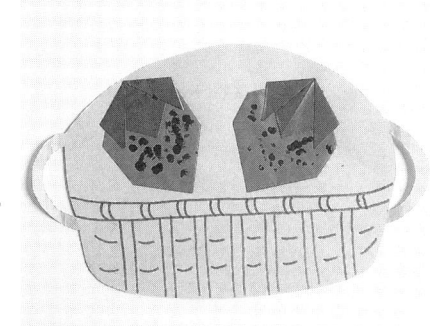

　しかし，**3歳未満児の保育がはじまると線の前に点の指導があることに気づきました。**「おにぎりのゴマ」，「おせんべいのゴマ」，「いちごのタネ」というように，おにぎりもおせんべいもいちごも保育者が設定して，2歳児はクレヨンや綿棒の絵の具で点を描くのです。

　芸術教育の会では，絵の具の指導は筆よりも綿棒が優れていることに気づきました。梅皿がなくても，パレットがなくてもペットボトルのキャップを集めておいて，1つは水，もう1つには保育者がチューブから絵の具を大豆1個分入れてあげます。題材は「いくら丼」で，設定は画用紙の上から見た丼です。綿棒に水を含ませて，次にキャップに入った朱色の絵の具をつけます。それから丼の上に"トントントン"とリズムにのって綿棒を置きます。1つ1つおいしそうないくらが点描で描かれていきます。用具がなくても工夫すれば方法はあるのです。絵の具が水で溶けることや水の含ませ方がわかり，やがて梅皿と筆を使って「桜の花びらが散る」（上から下へと点が描ける）を3歳児で描く時，10人でも一斉指導ができるし，汚すことなく描くことを楽しめるのです。

　子どもは絵の具との出合いが嬉しく，喜ぶだけにきちんとしたしつけに近い指導が必要です。例えば，初めて絵の具を使う時の指導の言葉かけとして，「チューブの絵の具を人間に見立てて，キャップは"頭"，左手で"肩"の部分を持ちましょう。右手で宙に『の』という字を書いてごらん。"グルグルグル"。その反対に手を回してみよう。その手で，キャップを静かに回してごらん。ほーら，簡単にフタが開いたでしょう。（チューブの下を指し）スカートの下には足があるのよ。そっとスカートの下を押さえてごらん。絵の具は，大豆（または納豆というように，子どもの知っている具体物）1個分出してごらん。筆は，赤ちゃんをお風呂に入れるように，そっと水に浸して水入れのふちで"トントントン"よ。それから絵の具を大きなお皿で"グルグル"と回すように溶かしてごらん。濃いか薄いか，ためし紙で確かめてみましょう」。集団の中での指導をパニックにならないように指導するには，保育者が用具と描画材に対してしっかりとした知識と技能を持っていなければならないし，適切な言葉を選んでゆっくりと静かに伝えることが大切です[11]。

第2章
表現活動の基礎能力（絵を描くための基礎能力）

1 基礎能力の二側面（子どもの基礎能力と教師の基礎能力）

　子どもたちが絵を描くために"基礎能力"が必要なことは言うまでもないことですが，**指導する側の教師（保育者）にも基礎能力がなければ**，指導するにも，援助の言葉を投げかけるにも，子どもがどこでつまずいているのか，何に困っているのかを見抜くこともできません。

　教師は画家である必要はありませんが，ピアノの練習をするのと同じように，時々，絵を描いてみることは大切です。自分の感性を磨き，表現力を高めることは，それだけ子どもたちにも有形無形に影響を与えます。

　まず，**用具と描画材について，しっかりした学習をしましょう**。例えば，「水入れ」（筆洗とも言います）1つとってみても，3つ（または，4つ）の仕切りがあるということは，意味のあることなのです。昔はバケツでした。水彩絵の具は，2つ以上の色を混ぜると減算混合と言って，だんだん黒に近づきます。ですから，バケツの水はたちまち汚れて濁った黒ずんだ色になってしまいます。私たち美術の教師は1960年代に，ジュースの空き缶3つを針金やビニールテープで巻いて水入れをつくって子どもたちに持たせたのです。それが今，美術用品を製造する業者によって，プラスチックの水入れがつくられ，日常的に市販されるようになりました（図1）。

　すなわち，①洗い，②すすぎ，③常にきれいな水を使用するようにできているのです。それを知らなければ，3つとも筆を入れて"ジャボ，ジャボ"とバケツと同じように汚してしまうでしょう。机が小さかったり，水入れが1人に1つ当たらない園もあるでしょう。その時は，グループに1つの水入れを置き，子どもたちに「洗い，すすぎ，きれいな水よ」と教

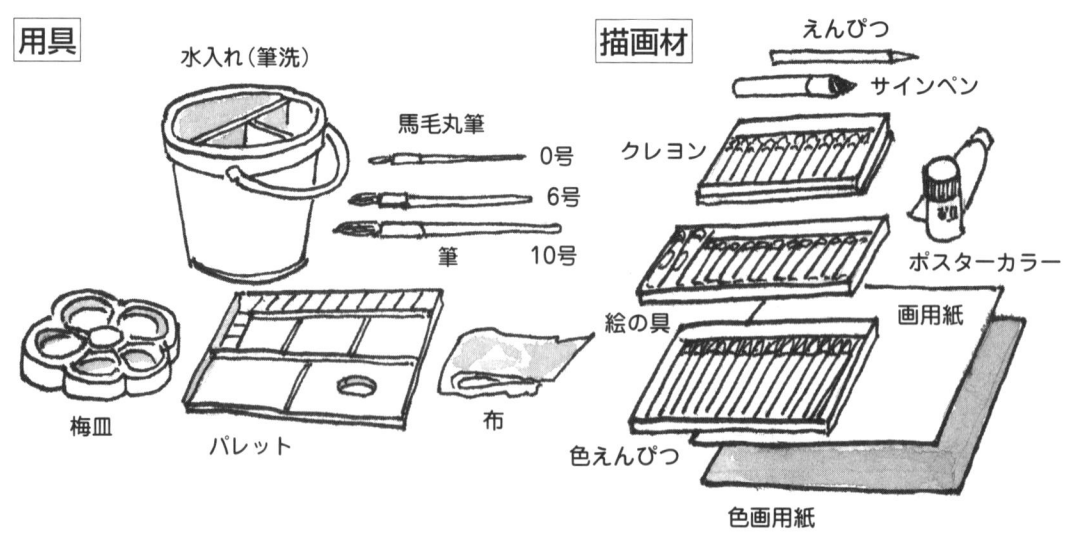

図1

第2章 表現活動の基礎能力

表1
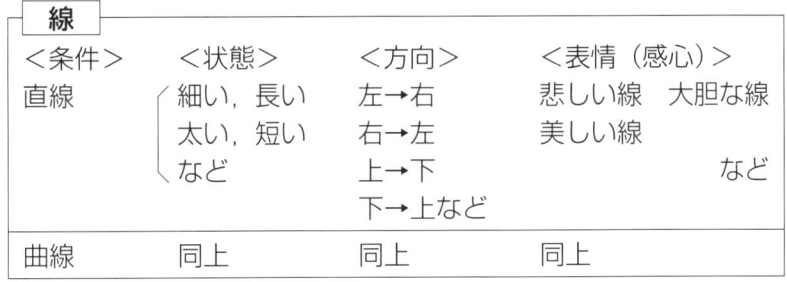

表2
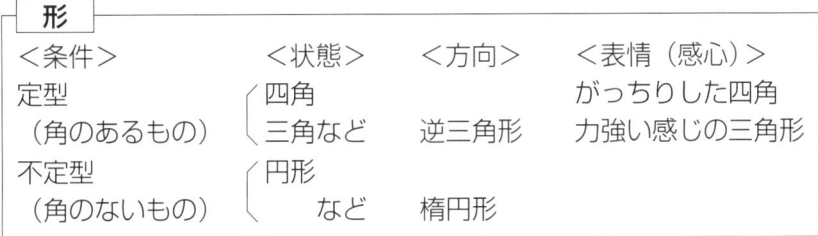

えれば，1時間経っても子どもたちはちゃんと約束を守って共同で使用します。

汚すから絵の具は嫌だとか，後片付けが面倒だから絵の具は年に1回などとデカルコマニー（合わせ絵）のような意味のない絵の具あそびで終わらせるのはとんでもない学習不足ですし，子どもにとって不幸なことです。

教師にとっての基礎能力は用具の扱い方だけではありませんが，この本を読み実践してみることによって，具体的に理解していくことができると思います。

では，**子どもにとって絵を描くための「基礎能力」とは何でしょう**。それは平面の空間に線が描けるということです。ところがこの線というのは直線もあるし，曲線もあって，そうそう簡単なものではありません。多田信作氏は『絵の教育』[12]の中で，表1のように整理しました。

図2 「なぐり描き」

1歳半から2歳児たちが描く「なぐり描き」は，意図的に絵を描いているのではなく，1つの筋肉運動によって，鉛筆やクレヨンを動かしています。ですから，このような絵（図2）は表現といわず，表出といっています。「○○を描きたい（電車を描きたい，りんごを描きたい等）」という子どもの意志が加わることによって，意図的な線を描こうとします。この場合，「まっすぐで上か

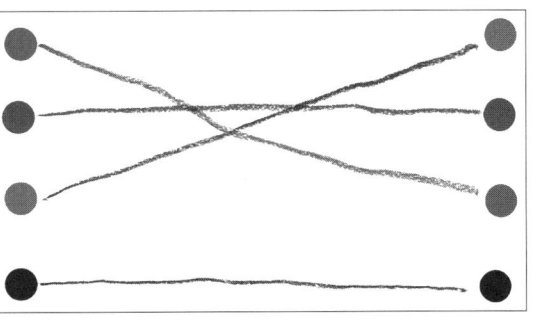

図3-①
同じ色のシールを線でつなごう「糸でんわ」

ら下への線を力強く描いてみましょう」では,単なる線の練習でしかありません。そこで,目的に合った題材が必要になります（図3）。「まっすぐの線」「上から下への線」「縦と横の線」これらは,**造形課題**です。そして「糸でんわ」「雨」「線路」が**題材名**になります。

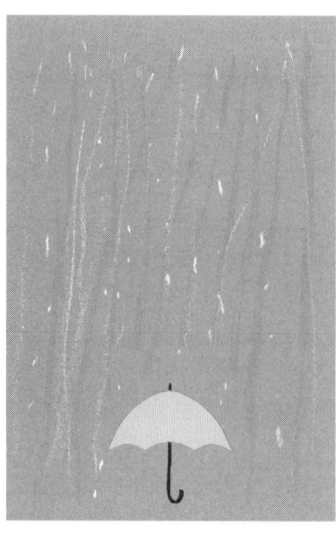
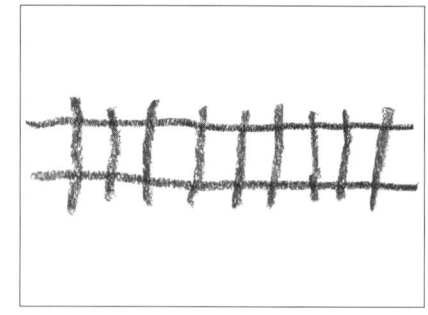

（左）図3－②
上から下への線が描ける「雨」
（上）図3－③
縦の線と横の線が描ける「線路」

線と同じようにまるが描けるようになるためには,「タイヤ」「ドーナツ」などの題材が考えられます。縦と横の線が描けて,リング状のまるが描けるようになれば,「バス」も「電車」も描ける力がついたということです。

① 「能力」ということ

確かに人類の歴史をふり返ってみると,レオナルド・ダ・ヴィンチやミケランジェロのような天才はいます。しかし,"子どもは天才だ"というのはかいかぶりです。もしかしたら天才と呼ばれるような人になる可能性はもっています。1人1人の子どもを大切にする心,子どもを信じようとする心は大切ですが,子どもの才能も可能性も教育によって培われるのです。

240億の神経細胞をもつ大脳は,どの子にも等しく存在しています。生まれながらにしてできる子,できない子がいるわけではありません。病気や生後の事故によって障害をもつ子どももいますが,その子にだって同じような可能性はあるのです。

問題は環境と教育という刺激を大脳が受けたかどうかです。生まれながらの天才でしたら,子どもを無人島に集めて自由に生活させれば,みんな絵も描けるし,歌えるし,全面発達するはずです。それなのに,自分の教室には絵が描けない子がいるし,描こうとしない子がいるし,廊下に逃げ出したり,ピアノの陰に隠れる子がいたりします。

その子どもたちもかわいそうです。描きたくないのではなく,何をどのようにすればいいのか教育を受けなかったのです。それは子どもの責任ではありません。**教師（保育者）が手だてを考え,発達に合った順序性を工夫して指導してこなかったことが原因です。**

大脳は刺激を受けず,神経細胞は眠ったままです。「能力」は教育によって活動し,どの子も開花するのです。

② 「指導」ということ

　幼児教育の世界では最近臆病なくらい"指導"という言葉をさける傾向があります。絵画の実技指導の研究会でも，「"指導"という言葉を使わないで，何かいい表現はないでしょうか」と，主催者や事務局が苦慮しています。

　参加者に指導しない実技研修会ってあるのでしょうか。保育の様子を観察させてもらうと「援助」とか「声かけ」とか保育者が遠慮しながら対応している姿に気づきます。それは，"指導"という言葉の定義を歪少化してしまって，"指導"は押し付けとか強制というニュアンスで使われているようです。

　子どもたちは生きる力も，育とうとする力も持っています。生命が誕生してまだ2年か3年では，「プリマベイラ！」命の春です。知りたくて，知りたくて「これなぁに？」と花も葉っぱも蝶も蟻もむさぼるように知ろうとします。バスの運転席がどうなっているのか，気になって気になって，必ず通園バスの前の席に座る子どももいます。学ぶ意欲です。そして，知ったことを話そうとします。絵に描いて追体験し，喜びをかみしめます。でも，表現の方法がわからないと，子どもはイライラして，パニックになったり，あばれたり，「描けない！」と叫んであきらめたりします。

　「がんばってごらん」「よく思い出すのよ」「好きなように描いてごらん」「ほうら描けたじゃないの，じょうず，じょうず」そんな言葉に5歳児が満足するわけがありません。バスのハンドルもブレーキもアクセルもメーターも知っていること全部を描きたいし，大好きな運転手のおじさん（人物）のことも描きたいのです。

　指導なくして人物の動きなど描けるわけがありません。それはまた後ほど，「紙人形」や「はだかんぼう人間」，「モール人形」や「ホネホネマン・クロッキー」のところで触れることにしましょう。

　教師（保育者）にとっても，子どもにとっても絵を描くためには「基礎能力」が必要だし，大切だということを再度心していただきたいと思います。

2 絵を描くためのいろいろな力

① 絵描きあそび

　伝承あそびの中に「絵描きあそび」があります。異年齢集団の子どもたちが，釘や棒切れで地面に「へのへのもへじ」や「たこ入道」を描いてあそんだものです。市街地ではコンクリートやアスファルトの道路にロウ石やチョークで「線路」を描いたり，「旗とりジャンケン」や「花とりジャンケン」をしてあそんだものです。これはけっして懐古趣味ではなく，絵の描けない子，なぐり描きから脱出できない子にはぜひあそばせたい大切なあそびです。中でも「たこ入道」は私たちが研究・実践してきた「基礎能力」と，あまりに似ていて驚かされます[13]（次頁，図4）。今回，基礎能力と密接な関係にある「絵描きあそび」の具体例を4

つ紹介しておきましょう。

　例1は，**「たこ入道」**です。伝承あそびは繰り返し，繰り返しあそぶことに楽しさがあります。もちろんこれは**模倣**です。模倣もまた大切です。はじめから動物をイメージして描くことは難しいのですが，自信のないたどたどしい線も，繰り返しあそぶことによって確かな自信のある線へと変わっていきます。**「反復」と「定着」，「単純から複雑」へ**，これは乳幼児の絵画だけでなく，自然科学に対する認識過程の上でも大切なことです。「たこ入道」は子どもたちが考えた絵描きあそびの中では，名作中の名作です。

　例2の**「金魚」**は「たこ入道」よりも線が複雑になります。「里があって」の扇が小さいとフグか，鯛焼きになってしまいます。子どもたちの中には，かえ歌の得意な子もいます。そんな子が，この「金魚」に「春が来た」の文部省唱歌を当てはめたのです。「はるがきた」の部分を「やまがあって」と歌ってみてください。「のにもきた」が「金魚になった」でピタリと一致します。うたいながら繰り返し楽しむことによって絵もしっかりしてきます。

図4

例1「たこ入道」
① みみずが3びきはってきて
　＜波線が描ける＞
② あめだま3つころがって
　＜まるが描ける＞
③ あめがザーザーふってきて
　＜上から下への線が描ける＞
④ あられがポツポツふってきて
　＜上から下への点が描ける＞
⑤ あっというまに
　＜意図的な方向へ線が描ける＞
⑥ たこ入道

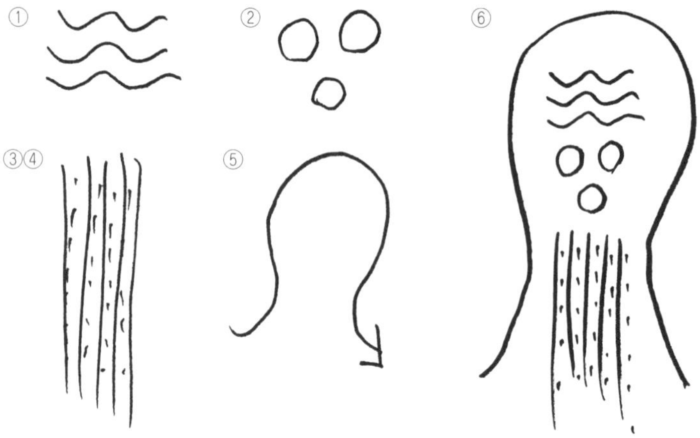

例2「金魚」
① やまがあって
　＜単純な曲線が描ける＞
② 里があって
　＜複雑な曲線が描ける＞
③ 大根畑にいも畑
　＜左右のななめ線が描ける＞
④ 池があって
　＜まるが描ける＞
⑤ つぼがあって
　＜意図的な方向へ線が描ける＞
⑥ 金魚になった

例3の**「ぶた」**も名作です。まると点だけで絵が描けるのです。まるが描けるようになると子どもたちの絵を描く楽しみは，どんどん世界が広がっていきます。「ボール」，「風船」，「りんご」，「みかん」，「お皿」，「フリスビー」そして，「人間の顔」というように，みんな"まる"です。

　これらの絵描きあそびは，1人であそぶ絵ですが，2人，3人と友だちと一緒に描く絵描きあそびもあるのです。

　それが例4の**「花とりジャンケン」**です。ジャンケンに20回勝つとドクダミの花の鉢植えが完成します。花びらが"上・下・左・右"という最も単純なものです。しかし，あそびを通して花びらの法則性を認識すると，その発展としてもう少し複雑なアジサイ，コスモス，マーガレット，ヒマワリの放射状の線が見えるようになるし，観察によって描けるようになります。たかが絵描きあそびと，あなどることはできません。

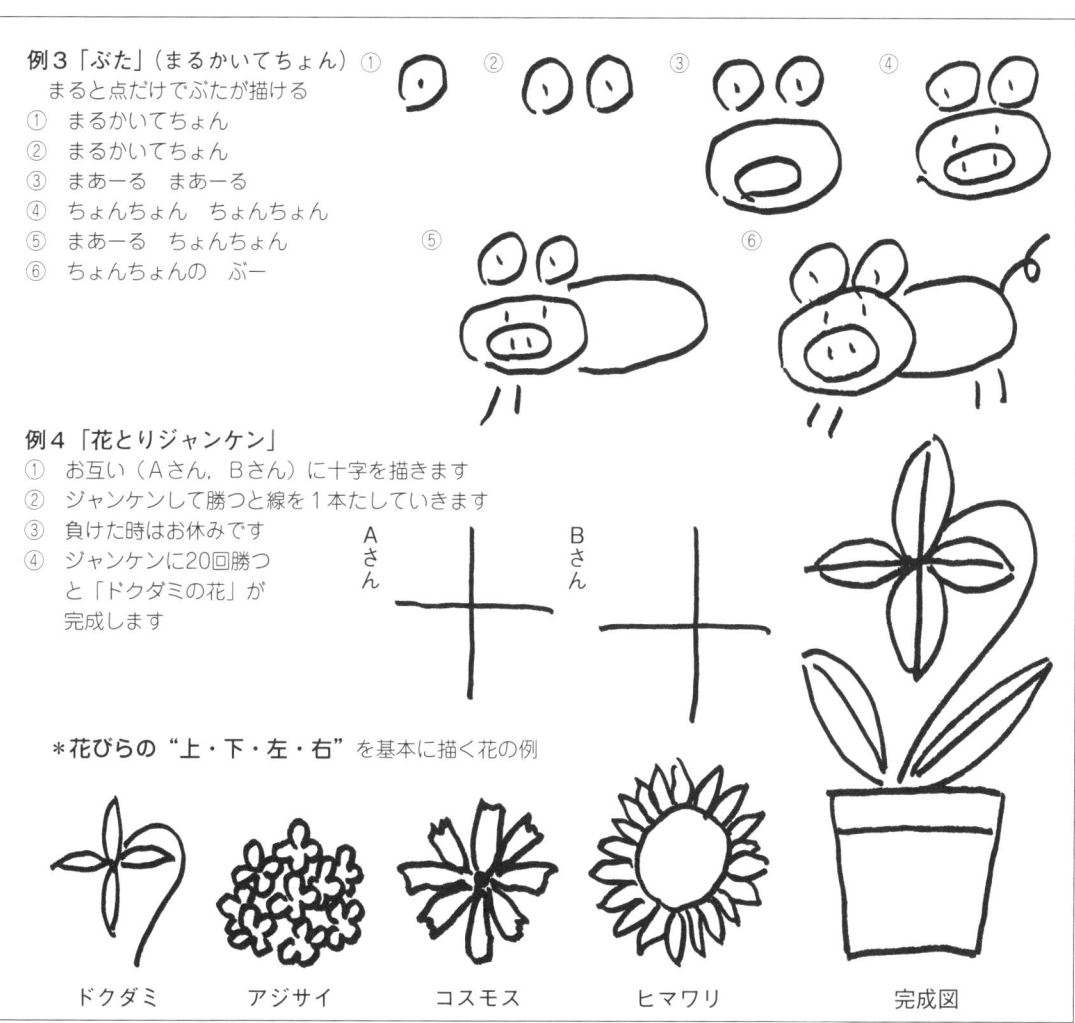

② ぬり絵

　美術教育50年の歴史をふり返ってみると,時々「ぬり絵」は大流行します。21世紀に入った今もまた,認知症予防のためとか,介護施設の利用者のためとか,とうとう幼児教育の世界にも大流行しています。

　「ぬり絵」も間違いではありません。ただ,子どもが喜ぶからとか,できあいの教材があって便利だからといって,1年中,「ぬり絵」一辺倒というのはいけません。**自分で見る,自分で描くという創造性や想像性が乏しくなってしまいます。**

　1つの「ぬり絵」を仕上げて,集中力,完成した時の喜び,達成感を得ることは大切です。ただ,自由画と同じように「好きなようにぬってごらん」という放任と傍観ではだめです。安易にクレヨンを与えるのもいけません。クレヨンはベタベタしてできあがりもきれいではないし,美しい輪郭線をつぶしてしまいます。色鉛筆で描くときれいです。クレヨンでは混色はできませんが,色鉛筆だと,並置混合によって混色も可能です。

　それから単にぬりつぶすのではなく,色鉛筆を縦に使ったり,横に重ねて使ったりする重ねぬりを一言アドバイスすると,光と影,立体感も出てきて,それは他の描画活動の時にもいかされます。実際に教師(保育者)自身が1枚ぬり絵を仕上げてみるとその功罪がわかります。はじめから「ぬり絵は模倣だからダメ」と軽視してはいけません。

③ よく見ること（観察）

　絵を描く活動だけでなく,絵が描けるということは,日常的に毎日の生活の中でものを「よく見る」ということが大切です。そのためには,園内の玄関,ロビー,廊下,教室(保育室)をいつも美しく,変化のあるディスプレイを心がけることが大切です。

　四季を通して,鉢植えの草花がある。机の上に1輪ざし,子どもと摘んできた野の花の花びん,水槽の金魚,壁にかけられた動物の写真や昆虫のパネル,名画の複製の額ぶち,伝承玩具やグッド・トイの展示コーナーなど,そんなにお金をかけなくても気配りがあればできる環境をつくってあげることです。子どもたちは毎日その環境にいることによって感性が磨き上げられ,生活に快感を覚え,居心地の良さは美的感動と美意識を形成していきます。

　室内だけではありません。園庭には樹木が欲しいし,できれば実のなる木を植えたいものです。四季折々の野鳥が訪れ,子どもたちの興味と感動を呼びさますでしょう。それから小さくてもいいのでクラスの菜園が欲しいです。生命を育むことによって,やさしい心が形成されます。収穫しやすい「赤かぶ」はお勧めです。赤と緑の美しい補色関係に「きれい！」と叫び声があがり,絵に描いて残そうという意欲がわきます。食べて楽しむ感動はその次の場面です。

3 「見る」ということ——視覚と知覚——

「視覚」というのは目の機能を通して全体的にものが見えることを言います。すなわち外界からの光線は，瞳孔，水晶体，硝子体を通して，網膜上に外界の像を結びます。このことはしばしばカメラにたとえられますが，これは人間の目で言えば「映っている，見えている」という状態です[14]。

しかし，「よく見る」，「よく見つめる」となると，単に目に映っているだけでは見えません。「よく見る」ためには，目だけではよく見えないのです。対象物を「見る」ためには，1人1人がもっている"心"と結びつけて見るのです。過去の体験や自分の知識をもとにして，それが何であるかよく見るのです。例えば「机」を視覚でとらえながら，本を読む時や絵を描く時に必要な作業台で，木と冷たいスチールでできている，4本のしっかりした足によって支えられている「机」であるとわかる，これが**「知覚」**です。

子どもが「チューリップ」の花を描く時，前から見たり後ろから見たり，匂いをかいでみたり，花びらの中のオシベやメシベをのぞいてみたり，切り花にして花びんに挿して離れてその全体の姿を茎や葉っぱまで見ることによって，「チューリップ」は視覚と知覚を通して見えてきます。

絵を指導する時には，題材を与えるだけでは描けません。導入において丁寧な見方，見せ方を考えてから描画活動に入ることが大切です。子どもたちも形を線でとらえて考え考えしながら，また，よく見て描くというように，単にもの写しだけではなく，その対象のなりたち，成育，内面までも表現しようとする心が働きます。多田信作氏は前述した『絵の教育』の中で次のように**順序性**を説明しています。

「見えるものをとらえ，見え方を考え，見たときの感じをあらわし，自分の感じをあわせ，見えるものを作る—これを総合すると『かきあらわす』ということになります。」

これまで「チューリップ」や「バラ」などの花びんや卓上の花を描くことを**静物画**と言っていました。風景画に対する静物画で，フランス革命の後で絵画は教会や宮殿を飾る壁画や天井画だけでなく，一般の庶民の家の中を飾る絵も描かれるようになりました。19世紀が最も盛んでしたが，これら額ぶちに入った絵のことをタブロー画と言います。

学校教育の「図画工作」や「美術」の領域の中には，こうした「風景画」や「静物画」が題材として取り上げられています。では，幼児が描く「にわとり」や園で飼っている「うさぎ」は何と言えばいいのでしょうか。風景でも静物でもありません。これまでは，「写生画」と言っていましたが，どうもそれもしっくりいきません。新しい絵の会の人たちは「観察画」と呼んで，かなり一般化されましたが，理科の花の観察と，絵で描く観察画とはどう違うのか，混同しやすいということで，**「見て描く絵」**と呼ぶようになりました。

芸術教育研究所は，乳幼児の絵画指導の中では，「基礎能力」を土台にして，視覚や知覚

の働きを総合して描く絵ですので「見て描く絵」と呼ぶことにしました。しかし，単にもの写しではなく，触れたり，飼ったり，育てたり，抱いたりしながら内面や本質，自分の感情までも対象物に寄り添っての「見て描く絵」であるということです。これに対して日常生活や行事など実際の体験をもとにして描く「体験画」を「くらしの絵」とも言っています。

「経験画」というのもあります。実際には見てないし，その場には行っていないけれどお話や絵本などの間接経験や知識をもとにした絵があります。空想画，想像画とも言われますが，「ものがたりの絵」がそれにあたります。

4 描画のための基礎能力

① 点を描く力

0，1歳の子どもはまだ描画以前です。だからといって何もしなくていいというわけではありません。やがてクレヨンや鉛筆を3本の指（親指・人差指・中指）でしっかり握り，筆圧をかけて点や線を描く力をつけなければなりません。そのためには，「つまむ」，「はさむ」，「にぎる」，「持つ」という指や手の活動を活発にうながすようなあそびや活動を経験させなければなりません。そのためにはおもちゃは大切な役割を果たします。

伝承玩具をながめると，「お手玉」をにぎる，「おはじき」をつまむ，「体操人形」を3本指でひねってまわす，「かたかた」や「でんでん太鼓」をにぎって振って鳴らすというような手頃なおもちゃがあります。その他にもたくさんの手づくりおもちゃが教師（保育者）によって工夫され，つくられています。台所用品などは3歳未満児のためのおもちゃの宝庫です[15]。

たっぷりと遊具であそんだ1，2歳児にぴったりの題材は食べものです（図5-①）。

クレヨンによる点描として「おにぎり」や「おせんべい」のゴマを描きます。設定は教師（保育者）が画用紙や色画用紙でつくります。本物のおにぎりやおせんべいを見たり，手に持って少しだけ食べたりしながら，黒いゴマがかかっていることに気づかせます。"トントントン"という音のリズムが必要です。教師も一緒にやってみます。おにぎりやおせんべいの中に点を描きますが，多少はゴマがお

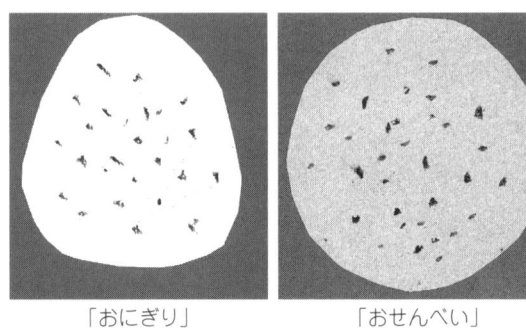

「おにぎり」　　　「おせんべい」

「いちご」　　　「いくら丼」

図5-① 点描の具体例
意図的に点が描ける

第2章 表現活動の基礎能力

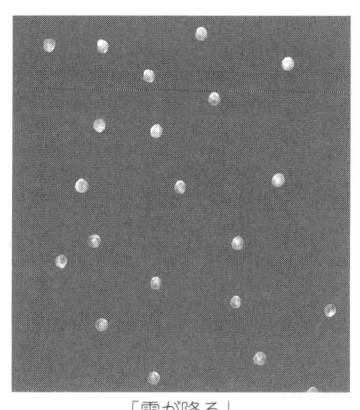
「雪が降る」

「桜の花びらが散る」

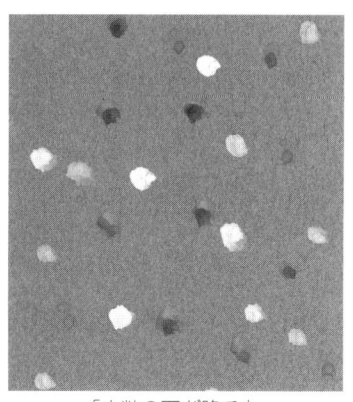
「大粒の雨が降る」

図5-②　点描の具体例　上から下へ点が描ける

にぎりからはみだしてこぼれても構いません。ねらいは意図的に点が描けるということです。
　これは，1，2歳児でなくても絵が描けない5歳児や，知的障害をもった子どもにも有効です。さらに季節によっては，同じねらいで「いちご」のタネや，綿棒を使って「いくら」や「いくら丼」を描いてみるのもいいでしょう。先にも述べましたがもちろん初めての水彩絵の具の時は，ペットボトルのキャップと綿棒を使います。
　同じ点描の経験は，2，3歳児にも別な題材で描かせたいです。冬には，灰色や濃紺の色画用紙に白の点描で「雪が降る」，春は「桜の花びらが散る」，6月は「大粒の雨が降る」という題材が考えられます。

②　線を描く力

　点を並べてみると，点の延長は線になるのです。おはじきを机や床の上に並べてあそんでみるとわかります。わかったことを絵に描いてみます。題材としてお菓子の「チョコポッキー」や「アスパラガス」が具体的でわかりやすいです（図6）。

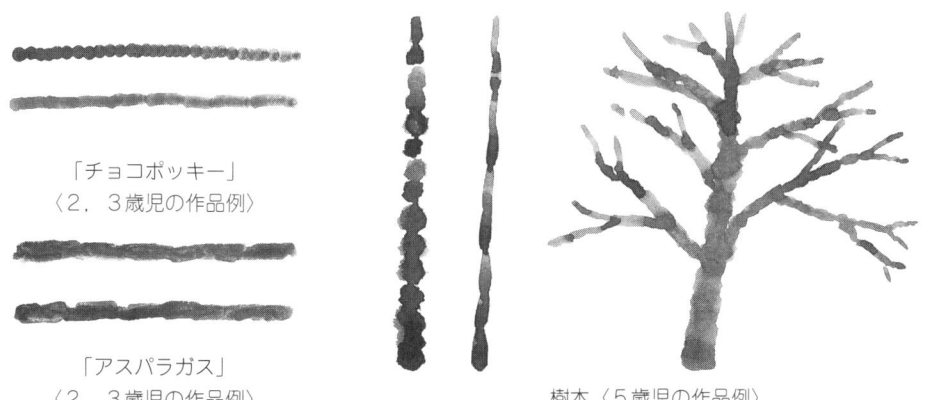

「チョコポッキー」
〈2，3歳児の作品例〉

「アスパラガス」
〈2，3歳児の作品例〉

樹木〈5歳児の作品例〉

図6　点を並べて線を描く　意図的に線が描ける

19

もう少し後での指導になりますが、5歳児の「樹木」も点描によって、点の延長は線になることの応用なのです。点描が乳幼児にとっていかに有効な描画の技法であるかということがわかります。

③　形をとらえる力

　先に表2（P.11）でも示しましたが、形をとらえると言ってもいろいろな形があり、四角や三角は線の組み合わせによって描くことができます。ここでは**まるい形をとらえる力**について述べたいと思います。

　まると言っても、ボール状のまる、リング状のまる、平面的な皿状のまるがあります。いずれにしても勢いよく腕を動かした"グルグルまる"の円が描けなければなりません。意図的な"グルグルまる"が描けるようになるためには、それにふさわしい題材が必要です（図7−①、②）。

　画用紙に芝生を設定して、ミニカーであそばせます。芝生を踏まないように、ミニカーで何度もグルグルと芝生の周りを回ります。次に、ミニカーと同じ色のクレヨンを選んで、その色で芝生の周りを回ります。次に単純から複雑へと一段階進み、「自動車練習所」のように芝生を4つにします。同じようにミニカーであそんでから、いろいろなコースをグルグルと回って走らせます。それからクレヨンをミニカーに見立てて走らせます。

　「レコードがグルグル回る」「CDがグルグル回る」という題材もあります。実際に回っている様子を見せてから、"グルグルまる"を鉛筆で描きます。

　さらに発展させて、小さなまるを描くためには綿棒を使います。「お皿の上のチョコボール」では、綿棒に絵の具をつけて置くだけできれいな点になります。「ひなあられ」も描けます。綿棒の先を"クリクリ"と回すとチョコボールはだんだん大きくなっていきます。1本の綿棒は上下2回しか使えませんが、洗って使うともう1色は使えます。だんだんと綿の先がくずれてきますので、新しい綿棒と取りかえましょう。こうして「きれい

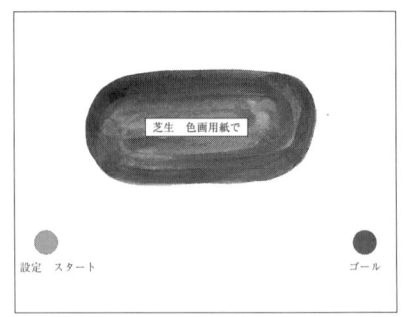

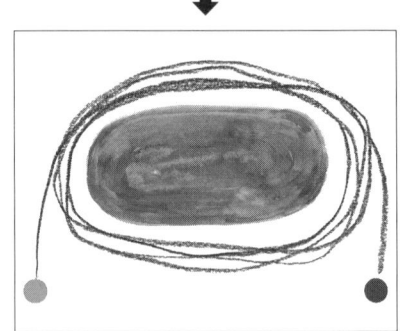

「ゴーカート」（自動車ブーブー）

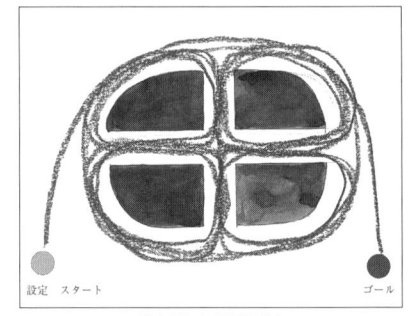

「自動車練習所」

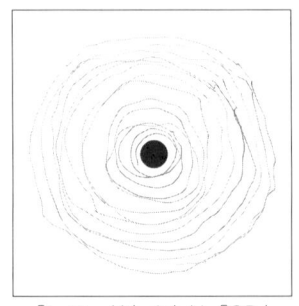

「レコード」または「CD」
図7−①

なまる」「おいしそうなまる」が描けるようになります。

　綿棒を使って小さく"クルクルまる"を描く「チョコボール」にしても，次の「おだんご」にしても本物を見せて観察し，形や色や自分が食べた時の味や，その時の気持ちを話し合ってから描きます。できれば描く前に味わう方がいいし，描きあげてから食べて自分の絵について感想を話し合うとなおいいです。

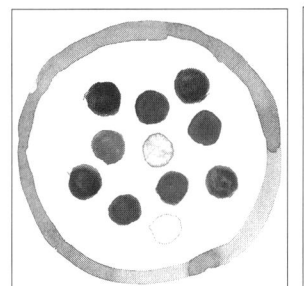
（上）「お皿の上のチョコボール」

（右）「おだんご」
図7-②

　「おだんご」の場合は，6号の筆に絵の具をつけて綿棒で経験した時と同じように，筆先を"クリクリ"と回します。小さく切ったためし紙の上で一度描いてみてから画用紙に描きます。4，5歳児の子どもたちに同じ題材で指導する時は，16切の画用紙を縦にして竹ぐしを黄土色で描くところから子どもたちに指導するといいです。竹ぐしは下から上への線で描くと，先がとがって細くなります。

　こうしてボール状のまるをとらえて描く描写力を子どもたちは獲得するわけですが，このことが基本になって少し変形した「リンゴ」，「かき」，「かぼちゃ」，「ゴム風船」などもまるい形の仲間として識別し，描く力がついていきます。

　同じようにして皿状のまるやリング状のまるもたくさんありますが，それはまた後の「年齢別にみる実践」のところで「題材」の具体例を提示します。

④　色をつける力——色と形は一体である——

　色をつけることを「**彩色**」と言います。保育の現場では「色をぬってごらん」，「全部ぬるのよ」，「バックもぬりなさい」という言葉が使われています。それは，クレヨンやサインペンや鉛筆で形を描き，その中を彩色する活動を「ぬる」と言っています。

　「ぬる」という言葉は，ペンキで壁を平面的にぬりつぶすようなイメージがあります。ですから，ただゴシゴシと輪郭線の中をぬるのです。それではものの質感も量感も出ません。4ツ切の画用紙を使った時は，もう大変で横にぬっていた手が疲れて途中から縦にぬったり，ななめにぬったりして，せっかくの絵が台無しになることがあります。そして大人になってからも「私，形は描けるのだけど，色をぬったら駄目になるのよ」と絵を描くのが苦手であることを表現する人がいます。

　私たちは，実践の結果，「色をぬる」のではなく「色で描く」という言葉がふさわしいと気づきました。形に色があるように，色そのものにも形があるわけですから，必ず鉛筆で形を描いておく必要はないのです。先に「おだんご」のところで筆の使い方について触れまし

たが,「ドーナツ」なども線を先に描かず,黄土色と茶色を混色して,筆にたっぷりとつけてグルグルと内側から外側へと色で描いていくと,その筆跡でまるい立体感が表現されます。

「きゅうり」では,鉛筆で線を描いておいて,左から右へと,細い線に沿って色で描いていくと,立体感だけでなく,新しい部分から古い部分へという色の違い,新鮮な野菜の質感,野菜そのものの生命感まで描くことができます。一言,「今度は色をよーく見て,色で描いてみましょう」この言葉かけだけでも子どもの彩色は変わります。

⑤ **質感をとらえる力**

描画材が先にあるのではなく,「題材」によって描画材が決まるということはこれまでに述べてきました。すなわち,クレヨンが先で絵の具の指導は後ということではないのです。子どもが「毛糸だま」とか「わたあめ」を描く時には,子どもたちに伝えたい力,贈り届けたい造形の技術があって「題材」が選ばれるのです。

「ふわふわ」「つるつる」「ざらざら」「ごつごつ」「すべすべ」「ぬるぬる」「ごわごわ」「ぼこぼこ」などは様々な物の**「質感」**を表す言葉です。この言葉を描画によって表現することによって,知覚を発達させ,感情や感性を豊かに形成させますから,それにふさわしい題材を選ばなければなりません。

「ふわふわ」にもいろいろありますが,お祭りや縁日で売られる「わたあめ」は格好の題材です。やわらかでふわふわしていて,口にもっていくと溶けてしまうあの「わたあめ」は**クレヨン**で描くと"ネバネバ","ごつごつ"という感じになってしまいます。**絵の具**ではどうでしょう。色画用紙に,たっぷりと水をふくませた白で描くと,やわらかさは描けますが,筆の表現ではベッタリした「わたあめ」になってしまいます。

「わたあめ」は,砂糖を熱で溶かし繊維状にして,それを割りばしに巻きつけているので細い線でできているのですから,灰色か濃紺の色画用紙に**色鉛筆**の白かピンクで描くとふわふわの質感が表現できます。割りばしは絵の具やクレヨンで描いておきます。色鉛筆で力を入れずにやさしく浮かすようにして,"グルグルまる"を描かせます。質感を描くには「題材」と「描画材」が深く関係しているのです。

「わたあめ」を黒板に使うチョークで描いた実践もあります。これもよく質感は表現されていましたが,チョークはパステルと同じですぐ落ちてしまうので,フィキサティフ(定着液)で定着させなければなりません。

クレヨンで質感を表現するとよい題材に「毛糸だま」があります。はじめに,太めの毛糸を子どもたちに交替で両手にかけさせます。それを保育者が,お母さんのようにクルクルと

たぐって巻いて毛糸だまをつくります。小さな毛糸だまがだんだんと大きくなっていく様子を観察させます。

　色ものの毛糸だと白い画用紙，白い毛糸だと色画用紙にクレヨンで，今体験したのと同じようにクルクルと描いて，糸玉を大きくし，巻き終わりの一本糸が玉から出ているところも忘れずに線で描きます。やわらかで，温かそうで，フワフワの質感をもった「毛糸だま」に子どもたちも感激するでしょう。

　家庭で飼っている「ねこ」や，園で飼育している「うさぎ」の毛の質感を表現するにもクレヨンでクルクル描くのが適しています。

⑥　量・空間をとらえる力

　「量感」をとらえるためには絵を描く前に「粘土」でつくってみるという体験が必要です。粘土には2つの技法があります。モデリング（つける）とカッティング（とる）です。基本は手のひらでクルクルとおだんご状にまるめる力，にぎりこぶしで"トントン"とつぶして平たくする力，そして両手のひらでニョロニョロとよりもみづくりができる力です。

　「おだんごを重ねる」では，粘土をつける力です。「おなべをつくる」では，指や粘土ベラで粘土を削りとる力です。こうした目的のある粘土あそびをすることによって，絵画の平面とは違う立体感・量感を体験を通して認識できます。そうした粘土の基礎能力をいかしながら，「動物」や「人間」をつくれるようになります。

　「ぞう」も「うま」も4本足でなければ立つことができません。「人間」は2本足で立つけれど，バランスをとらなければすぐに倒れてしまいます。倒れないためには大地（台座）がなければなりません。このように，立体に対する認識と量感の表現はますます深められていきます。

　動物を扱った題材や人物を描く題材は，後に「年齢別の実践例」のところで触れますが，動物にしても人間にしても真横から見ると，向こう側の足や手が見えません。ですから平面的な表現になってしまいます。けれども**粘土あそびを通して，向こう側の見えない世界を知っている子ども**は，少しだけ足をずらして見えるようにして描くとか，見えない向こう側を想像して描く工夫をします。

　乳幼児の絵画指導の場合は，対象物そのものを観察させ，自分の思いを表現させることが大切ですから，**「光と影」による技術的な立体感のあらわし方を指導する必要はありません**。しかし，中には影があることを発見する子どももいます。その時は影にも色があること，絵の具の黒ではないことを一緒に話し合うといいでしょう。なおいっそう量感が表現できることに感激します。

　これには影踏みをしてあそんだり，園庭の木陰に入って休んだり，秋に木立の影を足で踏んでたどったり，太陽に手のひらをかざして逆光線を体験したり，直接絵に表現しなくても

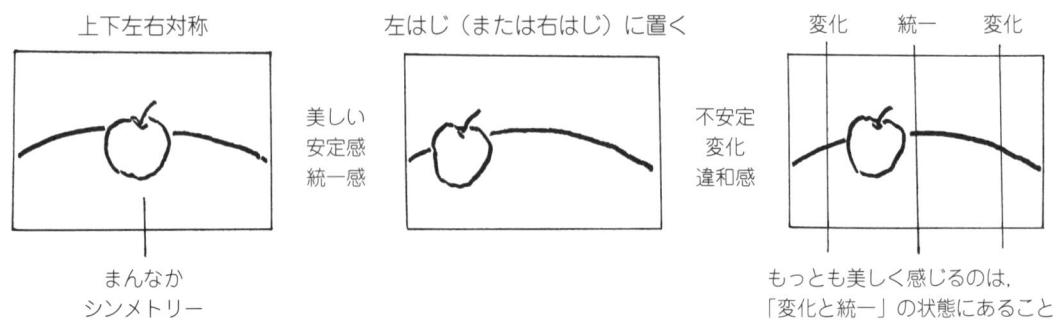

画用紙は題材によっていろいろな大きさにするが，もっとも美しいのは，1：1.618（黄金分割）。

正方形

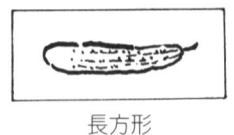
長方形

※4ッ切，8ッ切というのは全紙の1/4，1/8という意味。いずれも1：1.618になる。「変化と統一」の分割である。

図8

「陰影」に気づくあそびや体験はたくさんしておくといいです。

「空間」ということも大切な美的認識とかかわりがあります。

画用紙のどこに「りんご」を描くと，心が快感をおぼえ気持ちが安定するか，これは美の原理にもかかわることですが，実際にリンゴを画用紙の上に置いて話し合ってみるといいです（図8）。

最後に，「**バックをぬりなさい**」とか「**バックをぬっていいですか**」という言葉をよく聞きますので，このバックにも触れておきましょう。バックはご存知のように「背景」です。タブロー画の普及によって「静物画」が描かれるようになり，シャルダンやセザンヌ，マチスの名作が歴史に残っています。画家たちは「静物画」の中で，光と影を追求し，静物の配置，花や果物によって構図を研究しました。テーブルクロスや背景の画布にも工夫をこらしました。その画布のことがバックと呼ばれ，学校教育の中の「静物画」にそのまま持ち込まれてきました。

ですから幼児が「えび」や「ざりがに」，「なす」や「アスパラガス」を描く時に対象物そのものを描いてから，バックの色をぬらせる必要はありません。「うさぎ」や「にわとり」のような白い対象物を描く時には，色画用紙を使えば対象物が空間の中に安定します。

⑤ 絵の題材の選び方

絵画指導においては，子どもたちにどのような表現力をつけてもらいたいのか指導のねらいがあって，そのねらいを達成するために「題材」があるということは，もうご理解いただ

けたことと思います。

そこで表現には「基礎能力」が必要なことも前述してきました。いくつかの題材例も紹介してきましたが，ポイントをまとめてみます。

❶ 点から線へ，線から面へという造形的な課題の順序性が大切です。
❷ 年齢と発達を考慮しながら，単純なものから複雑なものへと題材の要求を深めていく必要があります。
❸ 子どもの興味のあるもの親しみのあるものを題材に考えます。ただし，これはキャラクターものが好きだから，それを題材にするということではありません。
❹ 食べもの（ラーメン，スパゲッティ，お菓子，果物など）は季節に関係なく扱えます。
❺ 季節の移り変わりが日本ほどはっきりしている国はありません。四季折々の草花や木々，昆虫や野鳥，空の美しさや目には見えない風の表情など，自然にはすばらしい題材があふれています。
❻ 人物が描けなければ，せっかくの行事の絵もくらしの絵も描けません。
　「うしろ頭」，「かみの毛」，「正面向きの顔」，「横向きの顔」，「全身を描く（正面向き・うしろ向き）」，「横向きの絵（身体測定）」，「動きのある人物（とぶ，走る，うずくまるなど）」は欲ばらないで，少しずつ表現力を高めていけるように題材を工夫しなければなりません。
❼ 行事の絵も格好の題材です。ただし，人物の表現が自由にできるようになってから取り組みます。カリキュラムでは，夏休み以降の行事を描くことになります。
　「秋の遠足」，「運動会」，「いもほり」，「どんぐり拾い」，「発表会」，「クリスマスのつどい」，「雪合戦」，「節分」などです。
❽ 「いもほり」，「どんぐり拾い」は園の行事でやっているところもありますが，どちらかというと「くらしの絵」に入るかも知れません。
　「おさんぽ」，「ままごと」，「お買いもの」，「落ち葉あつめ」，「おとうさんとあそんだ」，「おかあさんのお迎え」，「雨の日の登園」，「雪あそび」などは，「くらしの絵」です。これらの題材は「自由画」とも重複します。
❾ その他にも映画を見たり，テレビアニメやドラマを見たり，絵本を読んだり，お話（昔話・童話）を聞いた後に，その印象や思い出を描く「想像画」もたくさんの題材があります。
　物語の絵でよく実践されている題材としては，「かにむかし（さるかに合戦）」，「ももたろう」，「八郎」，「もちもちの木」，「むくどりの夢」などがあり，外国のお話では，「おおきなかぶ」，「３びきのやぎのガラガラドン」，「３びきのこぶた」，「おおかみと７ひきのこやぎ」，「はだかの王様」，「エルマーの冒険」などがあります。

昔話は再話した作者，出版社によってストーリーも結末も違いますので，保育者は，文学，

絵本についても学習，研修が必要です。

例えば，「さるかに合戦」を選ぶと，小学館版（育児絵本）では，最後にさるが謝ってみんな仲良しになって終わりますが，岩波書店版『かにむかし』（木下順二・作，清水崑・絵）では，さるのばんばでさるは「ひらとうひしゃげてしもうたそうな」と仇討ちをされます。

登場するのも小学館版は「はち，くり，うす，こんぶ」が，かにの助人になりますが，岩波版では「はち，くり，うす」はもちろんですが，「うしのふん，はぜぼう」も助人に加わっています。ですから安易にお話を選ぶのではなく，事前学習が必要です。

昔話を題材に選んだ時に，好きな場面を描くのか，1つの場面にしぼるのかについてはまた後の項で述べることにします。

6 指導の順序性

まず，**描こうとする対象物を「正しく見る」**ことが大切です。赤い色の花は赤く見えることを認知することです。これは，あたりまえのことなのですが，1950年代は黒いカラスを黄色く描いてそれが子どもの独創性だとか，子どもらしい感性だとか言って，ほめたたえたことがありました。それでは，ほめられた子は次に，白いハトを何色に描けばいいのでしょうか。

乱暴な子や，でたらめな子が評価される時代のことを深町修司氏も自著『子どもの美術と歩む』[16]の中でふり返っています。「黄色いカラス」は文部大臣賞をもらって，映画にもなったくらいです。**乱暴とたくましさ，粗野と元気を勘違いしている**人たちは今でもいます。

対象物を正しく見て正しく描くということが基本です。でも，ただ見ているだけではどうにもなりません。ものを正しく見られるように条件づけしてみることが大切です。

「アジ」や「サンマ」は手頃な魚ですから，子どもたちも食卓で見て知っていますから，描かせてみます。はじめに，クレヨンや鉛筆で形だけを描いてみて，その後で保育者が本物の魚を用意して対比して見ます。子どもたちは自分がよく見ていなかったこと，よく知らなかったことに気づきます。

アジにもサンマにもヒレがあることや，それも2枚や3枚ではなくエラの下に2枚，おなかに3枚，さらに背ビレと尾ビレを入れると全部で7枚もヒレがあることに驚きます。

食卓で見た魚だけでなく，水槽の金魚もメダカも大きさは違いますがやはり7枚のヒレがあります。ぼんやり見ていたのとよく見たのでは違いますし，それを絵に描いてみるとなお一層よくわかります。**描けないということは，わからなかったから描けなかったのです。**

指導の順序性について多田信作氏は『絵の教育』[17]の中で次のようにまとめています。具体的に述べられていてわかりやすいので抜粋して紹介します。

「対象物をよく，深く見つめ，対象をより深く理解し，対象をより深く感じ取り，対象をより深くつかみとっていくことこそ，見た物を正しくかくための，必要・最低の条件である。

たとえばウマを題材にしてみると，そのウマを見ただけでは，正しく見たということには

ならない。ウマと遊び，ウマに乗り，ウマの生活を知り，ウマの特徴をとらえ，ウマの歴史を知り，ウマの感情をよみとるなど，ウマについてより深く内容をつかみとることが大切である。」[18]

　そして，最後にもう1つ大切なことがあります。単に詳しく見たり，理解したりするのは理科の観察です。絵を描くということは詳しく正確に写すのではなく，「美しく描く」ということこそ大切なことです。

　「アジサイ」は6月に描かせたいすばらしい色彩の題材です。いきいきと咲いている花を，人間の目でとらえ，考えを通して美しく描くことが絵を描くことの意味です。さらにこの美しさは，実態のある美しさでなければならないのです。

7　造形課題の設定

　美しい絵を描くには「総合的な力」が必要です。しかし，これまでの乳幼児の絵画指導は「自由画」一辺倒であったり，行事中心の題材主義であったり，絵画を心理分析の材料にするような時代が長く続きました。

　小学校においては，美術教育の専門教師が担当することが少なく，得意不得意に関係なく担任が「図画工作」を担当したりしていましたから，過去の作品や先輩教師の指導をおざなりに模倣して時間を消化するというのもよく見られました。もちろん，絵を描くことの好きな子どもはどんどん意欲をもって描きましたが，苦しみ，絵が嫌いになる子どもも少なくはありませんでした。今でもその傾向はあります。

　中学校では，専科の美術教師が担当しましたが，多くは絵描き先生といって自分でも絵を描き，国や県の公募展に出品して入選することを生きがいにしていた先生が多かったので，美術を教科の1つとして考え，科学的に教授法を研究するということも少なかったのです。これには教員養成大学や幼児にかかわる保育者養成の専門学校，短大，大学の責任でもあります。「折り紙」や「造形あそび」も大切ですが，美術教育の中軸は「絵画指導」です。それが抑圧からの解放という心理学的な研究を中心に研究が進められてきましたので，絵画指導そのもののことを知らない多くの卒業生を送り出したのです。

　美術教育と美術は違います。美術教育は立派に独立した美術の中の1つのジャンルです。絵描き先生が全てダメだったわけではありません。画家は美に関する原理や法則，さらには様々な方法（技法）も知っています。描けない子どもに描く喜びを与え，描写力，表現力をつけるにはどうしたらいいかを悩み，苦しみ，研究グループをつくったり，サークル活動を組織しながら試行錯誤の研究を続ける方もいました。その多くは民間教育団体に所属する画塾の先生や小中学校のほんの一部の絵描き先生たちだったのです。

　1960年代に入ってから「造形課題」が一般化され，教科論としての美術教育が実践されますが，乳幼児教育の世界では遅々としてなかなか一般化は進んでいません。

乳幼児にとっての造形課題とはどのようなものか，いくつかの具体例を紹介したいと思います。

［1，2歳児にとっての造形課題］
- 指でつまむことができる
- 並べてあそぶことができる
- 大きい形と小さい形が判別できる
- 3色の識別ができる
- 綿棒を使った点描ができる
- 指点描ができる
- スポンジタンポで点描ができる
- クレヨンを使ったなぐり描きができる
- グルグルまるが描ける，まるい形と四角い形の識別ができる

［2，3歳児にとっての造形課題］
- 積み木を使って前と後ろがわかる
- 積み木を使って左と右がわかる
- 積み木を使って上と下の重なりがわかる
- 画用紙の天地（上と下）がわかる
- 上から下への点描ができる
- 上から下への線を描くことができる
- 下から上への線を描くことができる
- 左から右，右から左への線を描くことができる
- ななめの線や意図的な線を自由に描くことができる
- 太い線，細い線がわかって描ける
- 長い線，短い線がわかって描ける

［3，4歳児にとっての造形課題］
- 強い線，弱い線がわかって描ける
- まるが描ける（皿状のまる，リング状のまる，ボール状のまる）
- 絵の具を使った混色（色水あそび）ができる
- 筆を使った点や線が描ける
- 絵描きあそびを楽しむことができる（意図的な線，複雑な線が描ける）
- まるや四角を組み合わせた線が描ける

- 面をとらえて描くことができる
- 絵の具による彩色ができる
- まるの発展として人物（顔）が描ける
- 5色以上の色別ができる
- 2色の混色ができる（必ず明るい色を先に溶かし，強い色や濃い色を混ぜていく）

［4，5歳児にとっての造形課題］

- 空の空気遠近が表現できる
- 色彩による遠近が表現できる（明るい色は前へとび出して見える）
- むこうとこっち（重なり）が表現できる
- 階段式遠近法（近くのものは下にくる）で表現できる
- うれしい線，悲しい線（線の感情）が表現できる
- つるつる，ざらざらの質感が表現できる（プラタナスのつるつる，ケヤキのざらざら）
- ふわふわ，ごつごつの表現ができる（毛糸のふわふわ，石ころのごつごつ）
- 人物の全身を表現できる（体のプロポーション）
- 人物の動きが表現できる（動勢――ムーブメント）
- 対象物の量感を表現できる
- 楽しい顔，悲しい顔などの感情を表現できる
- 空想や想像によって目に見えない世界を描くことができる
- 協同によって集団画の製作に参加できる

　こうして具体例を並べてみると絵画指導のねらいと重複するところや，指導内容と重複するところがありますが，乳幼児の場合は造形課題だけを切り離すとあまりにも技術主義になってしまうので，重複するのは当然です。
　造形課題が理解できると年間カリキュラムの立て方も，具体的に見えてきます。
例えば5歳児では，
　　4月〈指導のねらい〉　線の表情をとらえる
　　　　〈指導の内容〉　　線の強弱や方向を中心とした線の表情をとらえるように指導する
　　　　〈造形課題〉　　　下から上への点や線が描ける
　　　　〈題材名〉　　　　「絹糸草」（線），「柳の木」（点描）
　　　　〈描画材〉　　　　クレヨン（線），絵の具（筆点描）
というように編成することができます。カリキュラムの参考例は，実践例の中で紹介したいと思います。ここでは造形課題の位置づけがご理解いただけたと思います。

第3章　3歳未満児の表現活動

1　3歳未満児の表現活動のねらい

　3歳未満児というと，0歳，1歳，2歳児ですから，絵画指導というように独立した領域での指導体系をつくるにはまだ発達上困難があります。あそびというとらえ方の中で，視覚や知覚を発達させ，体と心を全面発達させるという視点に立たねばなりません。それには親や保育者の言葉かけは重要な役割を果たしますが，おもちゃもまた同じくらい重要な役割を担っています。

　赤ちゃんの知覚の発達は，まず耳から始まります。目は開いていてもほとんど見えません。それが音刺激の力を借りてだんだん見えるようになってきます。お母さんや近所のおばさんがきて「いない，いない，ばあ」や「かいぐり，かいぐり，とっとのめ」をやってあやします。これは知覚の発達をうながす最大の演技です。本人たちは演技とは思っていません。かわいいと思う愛情の行為です。

　そして，赤ちゃんが最初に出合うおもちゃは必ず音の出るおもちゃです。「でんでん太鼓」，「カタカタ」，「ガラガラ」といろいろな種類の音の出るおもちゃがありますが，昔の人は育児書もないのに知覚の発達をうながすのは音の出るおもちゃであることを経験と勘で知っていたようです。

　赤ちゃんは音のする方を一生懸命見つめようとします。すると目の前でおもちゃが動きます。しかもおもちゃには色がついています。よく，赤と緑が入っています。昔の人は西洋の色彩学など知るすべもなかったのに「補色」で彩色しています。補色は並べておくと目立って見える関係です（補色のコマは回すと無彩色になります）。

　目が見えるようになった赤ちゃんは，音が出て動くおもちゃが欲しくて，小さい手を差し伸べます。お母さんが「ガラガラ」を手に持たせると，反射的にギュッとにぎります。ところがこれらの音の出るおもちゃ（図9）は，重心は必ず上にあります。赤ちゃんの手首は弱くて，カックンとおもちゃは下を向いてしまいます。その結果「カタン」とか「コロン」とか音が出ます。やがて赤ちゃんは自分の意志で手首を振り回し，音を出そうとします。

　伝承玩具というのは，実によくできていると思います。私たち芸術教育の会のおもちゃ研究班は，

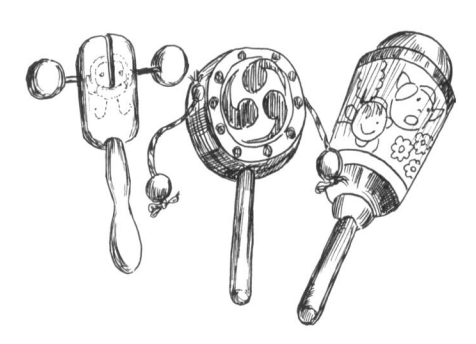

図9

次にあげる伝承玩具のもつ5つの特徴から「おもちゃの五大要素」と名づけました。

　①音がでる　　②色（補色）がある　　③重さがある（重心が上）
　④動きがある（手動）　　⑤形がまるい（安全であり，もっとも美しい幾何学形）

　赤ちゃんは成長すると，やがて，クレヨンをにぎり，絵筆やハサミなどを持ち，描画や工作

ができるようになります。人間が他の動物と違うのは，道具を上手に使うということです。ですから，「五大要素」をそなえたおもちゃは決して子どもだましや，あやすための道具などではなく，人間の子が人間になるための道具なのです。

本著は絵画指導のための本なので，おもちゃのことはこれ以上触れませんが，詳しくは『伝承あそび事典』[19] や『手づくりおもちゃをつくろう』[20] を参考にしてください。

0歳児のためには何もしないで自然発生的な発達を待つのではなく，目的を持った伝承玩具や手づくりのおもちゃを意図的に与えてあそばせ，「知覚の発達」をうながすとともに手の機能を刺激することが大切です。

手は第2の頭脳といわれるように，手のひらには何億といわれる神経細胞とセンサーが仕組まれているのです。つまむ，にぎる，押す，はじく，裏返すといった活動を通して，やがて表現活動を豊かに発達させ，楽しむための準備がもう始まっているのです。おもちゃだけでなく，指や手を使ったあそびも，おもちゃと同じように大切な活動です。

2 表現活動以前に必要なこと

子どもたちのやさしい心やうるおいのある思いやりの心というのは，落ち着いた清潔な美しい環境と，子どもをとりまく人々のやさしい愛情に満ちた触れ合いの中で形成されていきます。子どもたちの美しさにあこがれる感性も，乳幼児期の快，不快という感覚の中から芽生えていきます。ですから赤ちゃんの排尿，排便も，少し前までのように布のおしめをして赤ちゃんが不快を感ずるたびに泣き声で知らせ，お母さんや身近な人たちがそのたびに取り替えて快い感覚をもつという繰り返しは，とても大切なことなのです。

旅行中に紙おむつを使用するのは仕方ないとして，日常的に排泄されたのを知りながら後回しにしたり放置したりするのは，快感が何であるかもわからない育ち方をしてしまいます。乳幼児の美の教育はもうここから始まっています。

住環境も日常赤ちゃんが起きている間中，目にするわけですから，住宅事情で狭い広いはあるにしても，見た目に落ち着いた雰囲気と清潔さが必要です。これは住宅だけでなく，乳児保育の保育室にも言えることです。

壁の色は明るいクリーム色が，清潔でさわやかです。水色も清潔ですが，寒色は心を冷たく沈うつにしてしまいます。これはアメリカにおける工場労働者での実験があります。また，けばけばしい模様や激しい暖色も落ち着きを欠きます。カーテンは黄緑か緑で，窓を開けると緑の木々が見える状況がもっとも落ち着きます。緑のない都市部では，窓に2つ3つの鉢

植えを置くだけでもいいのです。たった100円前後で春の花の苗は買えるのですから，その環境をつくろうとする大人たちの心の持ち方こそ，後々まで子どもの美的感覚に影響を与えることになります。

　何よりも日常的に掃除をして，整理整頓につとめることです。きれいに片付いている部屋で育った乳児は，乱れた状態に不快を感じます。いつも散らかして片付けようとしない子はものぐさなのではなく，この不快な状況を不快と感じない育ち方をしたためでしょう。

　仕事がら，学生たちの保育実習の指導と各園へのご挨拶のために，8年間に渡ってずいぶんたくさんの幼稚園や保育園を見せてもらいました。施設は立派でも，乳児の保育室に便器が置かれたままになっているのは感心しませんでしたし，みんなが見ているところで便器を使わせているのも感心しませんでした。

　私の娘がもう20歳を過ぎてから語ったのですが，家の茶の間でいくら冬だからといって子ども用便器を使うのは恥ずかしかったと述懐しています。1歳か2歳のことが記憶に残っているということは，よくよく恥ずかしく心が傷ついたのでしょう。快，不快というのはこれほど子どもにとって大切なことだったことを反省しています。

　快・不快の感覚は食事についてもいえることです。おいしい食事，家庭の味，おばあちゃんの味，お母さんの味，お父さんの得意料理というように，大人になってもなつかしい家庭の味というのがあります。全国北も南もコンビニエンスストアの味が好きというのは恐ろしいものがあります。いろいろな事情によってはコンビニエンスストアは助かるし，便利です。インスタント食品やレトルト食品を使わなければならない日もあります。しかし，基本的にはわが家の味，わが家のお弁当を守り抜きたいものです。

　昔は食事中には話をしてはいけないとしつけられましたが，「おいしい」とか「嬉しい」，「楽しい」という会話は大切な表現活動です。「サラダが新鮮でみずみずしい」，「お魚の活がいい」，「お肉の旨みが出ているね」と大人がそのつど言葉に表現しなければ，「うまい」，「うまくない」という言葉しか使えない子どもに育ってしまいます。

　住いと食事について触れましたので，衣服にも触れておきます。芸術教育の会では，1970年よりもう20回近い世界の幼児教育の施設を視察するツアーを行ってきました。私はヨーロッパを中心に，旧ソビエト，東ドイツと9回に渡る視察をしました。

　気になっていたことですが，1日中ジャージ姿でいる保育者はどこの国にもいないということです。ジャージは運動をする時，屋外活動をする時に着替えるものです。ロシアは決して豊かな国ではありませんでしたが，保育者はブラウスにスカート姿で，公開保育で見た絵の授業の時は，素敵なエプロンか白衣を着ていました。頭には民族模様の刺しゅうの入ったバンダナをしていました。

　フランスの幼稚園は一番多く通いましたが，質素な衣服でしたが，ワンポイントのブローチやネックレス，スカーフが似合っていました。実は日常的に子どもたちが目にする保育者

の衣服が子どもの美的感覚に大きく影響するのです。おしゃれをするというのではなく，質素ではあっても，工夫をこらしてその日その日の服装を考える配慮は大切です。子どもたちは，リボン1つ，ブローチ1つにも敏感です。そして必要に応じてエプロンをしたり，ジャージをはいたり，作業着に着替えたりすることによって，子どもの感覚も洗練されます。3歳未満児にはとりわけ必要な心配りであると思います。

3 何を教えたらよいか

3歳未満児は，**まだ未分化ですから自分から絵を描きたいとか，粘土あそびをしたいと自分の要求を口にすることはありません**。クレヨンや色鉛筆，絵の具などが存在することすら知りません。

多くの場合，園にあるのはクレヨンですので，安易にクレヨンと8ツ切の画用紙を与えて「さあ描いてごらん。何描いてもいいのよ」と3歳未満児にも与えてしまいがちです。これは乱暴過ぎます。絵を描くには線が描けなければならないし，曲線（まる，波線，ら線，意図的な複雑な線）も描けなければなりません。私たち芸術教育の会の実践家との共同研究においても，「なぐり描き」から始めて，まっすぐな縦と横の線が描けるようになるという方法を考えてきました。芸術教育研究所が出版した文献も1980年代まではそのように線から始まっています。

ところが乳児保育の施設も増え，実践家である**乳児保育にたずさわる保育者との共同研究によって，「線」の前に「点」の指導が大切であることに気づきました**。クレヨンでも点の指導はできますが，クレヨン一辺倒ではだめなこともわかってきて描画材の工夫がなされるようになりました。

芸術教育の会での一番の発見は「綿棒」であり，スポンジや布による「たんぽ」でした。「綿棒」は1歳児にも握れる（あるいは3本指〝親指・人差指・中指〟で持てる）手頃な大きさです。ペットボトルのキャップをきれいに洗って乾かすと，小さな，小さなパレットになります。もちろんその容器には保育者があらかじめ大豆1個分の絵の具を入れておきます。もう1つのキャップには水を入れます。**1対1対応で水を含ませた綿棒に絵の具をつけて，小さなためし紙の上で〝ポツン〟と点を描いてみせます**。子どもは保育者の真似をしながら〝ポツン〟と綿棒を置きます。手を離すときれいな色が写っています。子どもは嬉しくてためし紙の上で点々を描いてあそびます。

最初はそれだけでもいいです。綿棒にキャップの中の絵の具をつけて，画用紙の上へ置くと色が写るということを**1回目で理解**します。まだ何を描くのか，子どもの意志は働いていませんから単なるあそびです。

2回目には題材が必要になってきます。綿棒の点描でピッタリとイメージできるものを，保育者は日常生活の中から探し出します。例えば，「赤飯おにぎり」，「赤飯パック」がありま

す。赤飯の三角おにぎりを用意して本物を見せたり，少し手でつまんで食べて味わったりします。そして色のついた小豆(あずき)が入っていることに気づかせます。

　そこから表現です。設定としては保育者が実物大の三角おにぎりをピンクの色画用紙でつくっておきます。茶色に青を混色したこげ茶色の絵の具を事前につくっておいて，綿棒を使って赤飯の中に"トントン"と小豆を描いていきます（意図的に点が描けるという造形課題の例）。

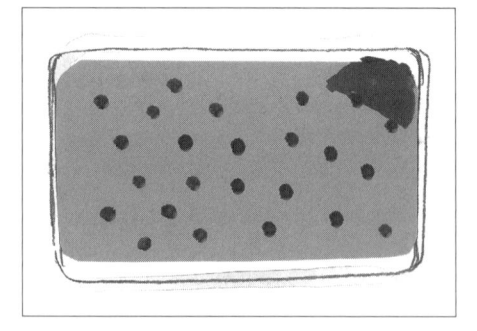

　本物そっくりな赤飯おにぎりに声をあげて喜び，保育者も「おいしそうね」と赤飯おにぎりを口元に持っていって，「ムシャムシャ，ああ，おいしい！」と感激を言葉で表します。子どもも口に持っていって真似をします。もっと描きたがる子どももいるでしょうが，ここまでです。今度は赤飯おにぎりを食べて味わいます。やがて内面的な自分の感情までも描こうとする子どもに育てるには，たかが点描と思わずきめの細かい指導が大切です。

　そして**3回目は反復**です。もう1回赤飯を描きますが，今度はパック入り弁当を題材として取り上げます。ピンクの色画用紙も角を切ってパックの中に入る大きさにします。今度はおにぎりより広い面積の中にたくさんの小豆を描かねばなりません。いっぱい小豆が描けたら，本物のプラスチックのパックに入れるか，白い画用紙（ふちを1cm大きくして）の中に貼ってあげるといいです。赤い色紙を保育者が切って紅ショウガを赤飯のすみの方に載せてのりづけすると素敵です。

　同じような題材として「なっとうご飯」があるし，「いくら丼」，「スパゲッティの上のグリンピース」などちょっと考えると1歳児，2歳児のための点描の題材は身近なところにたくさんあります。「きれい！」，「おいしそう！」という感情や感覚と表現を結びつけていく，その最初が「点で描く」なのです。

4　どんな力がつくのか

　芸術教育研究所監修の『技法別　0・1・2歳児の楽しい描画表現活動』[21]に，0，1，2歳児の子どもの発達が要約されていますので，抜粋で引用させていただきます。

　「子どもの発達を見ますと，生まれた数週間は，自分の存在もよくわかっていない時期です。1～5ヵ月はお母さんと自分が一体となっている共生期。共生感を実感するためには，しっかり抱かれることが大切で，健全な共生期をしっかり過ごすことにより自分が分化していきます。5～9ヵ月はお母さんと他の人の区別ができるので人見知りが出てきます。9～14ヵ月にハイハイして歩けるようになって，離れ始めます。14ヵ月～2歳では，自分の好奇心で行動したいけれども親から離れると不安も感じます。しかし，親が影になり日向になりそばにいてくれることで，安心して行動範囲を広げていくようになります。

自分の力で移動し始め，未知のものに遭遇した時に，子どもは必ず後ろを振り返ります。これは自分がどう対応したらよいか親に問いかけているのです。お母さんが『大丈夫よ』『危ないから気をつけて』などと教えてあげることによって，よいとか悪いとかが行動を通してわかるのです。
　このようにお母さんから多くを学び，自分を見守っている人がいることで安心するのです。こういう体験を通して，幼少期にどれだけ社会的感性が育っているかが表現活動にも影響するのではないでしょうか。」
　0〜2歳児では3歳児のような表現活動はできませんが，あそびを通しながら無理しない単純な活動は可能です。無目的な「なぐり描き」よりは，「スパゲッティ」という保育者の設定を言葉かけによって「意識化したなぐり描き」ができるようになってきます。はじめは恐る恐る弱々しい線も「スパゲッティ」や「ラーメン」という題材を設定して描くことによって，あそびとしての自由な線ではなく，意識された自分の中で知っている大好きなスパゲッティをイメージしながらのなぐり描きができるようになってきます。目的のあるなぐり描きはたっぷりと体験させたいものです。
　そのことによって，クレヨンやフェルトペンを，筆圧をかけてしっかりと描く力がつくし，手首だけをつかった左右の往復による弓形の線だけでなく，腕やひじをつかった長い線，力強い線が描けるようになります。その結果として"グルグルまる"を描く力もついてきます。

子どものなぐり描きの変化
と
実践作品例

実践作品「おにぎり」（1歳児）

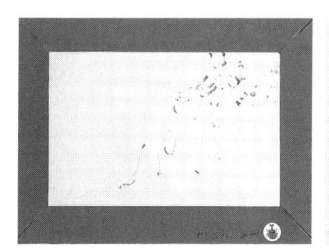

なぐり描き①
点の描画（1歳児）

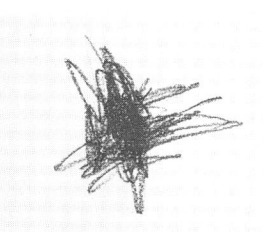

なぐり描き②
弓形の描画（1歳児）

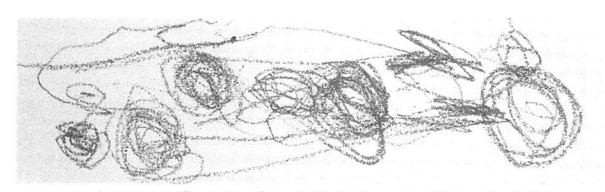

なぐり描き③　うずまき線を使った描画（2歳児）

実践作品「スパゲッティ」（3歳児）

実践例「赤飯おにぎり」（1, 2歳児）

＜ねらい＞
- 赤飯おにぎりの中に小さい小豆の点があることに気づかせます。
- 綿棒を使って点描で小豆を描いてみます。

＜準備するもの＞
赤飯おにぎり，色画用紙（ピンク色・三角おむすびの形に切る），綿棒，こげ茶色の絵の具，ペットボトルのキャップ2個，ためし紙
＊ためし紙──作品で使用する色と同様の画用紙・10cm×13.5cm。以下，各製作時のためし紙も同じになります。

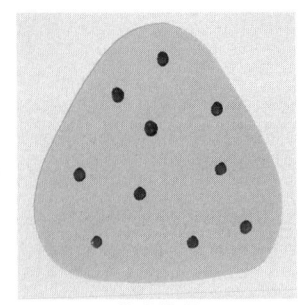

参考作品

＜指導方法＞
1. 赤飯おにぎりを見せて，形や色やつぶつぶの小さい小豆について話し合います。
2. 小豆の粒をつまんで味わいます。
3. 用意した三角おにぎりの色画用紙を見せます。
4. "つぶつぶ"，"てんてん" があることを意識して指先で描いてみます。
5. 綿棒に絵の具をつけて，ためし紙の上で "つぶつぶ"，"てんてん" を描きます。
6. 三角おにぎりに "つぶつぶ"，"てんてん" の小豆を描きます。
7. できた作品を見ながら「おいしそうね」，「本物みたいね」と話し合います。
8. 本物のおにぎりを保育者と子どもと一緒に食べながら味わいます。

実践例「桜の花びらが散る」（1, 2歳児）

＜ねらい＞
- 「桜の花びらが散る」は，園庭や散歩に出て春の桜の木を「きれいね」と見て楽しんだり，花びらを拾ってあそんだりすることを大切にします。
- 指点描で上から下への線が描けるようにします。

＜準備するもの＞
色画用紙（空色・16切），ポスターカラーまたは水彩絵の具（白と赤の混色によりあらかじめピンク色を保育者がつくっておきます），梅皿またはペットボトルのキャップ，ためし紙

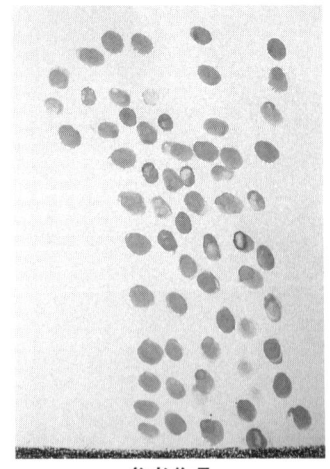

参考作品

＜指導方法＞
1. 園庭か桜の木のある公園へ散歩に出かけ遠くから，また，近くから桜の木を見ます。
2. 小さい花びらを拾って集め，手をかざし，上から花吹雪にして舞うのを楽しみます。
3. 空色の色画用紙を用意し，空について話し合います。

4．桜の花びらが散った様子を話し合い，思い出しながら上から下へと指で描いてみます。
5．ピンク色の絵の具を梅皿の上に用意します。または，子どもの目の前で白と赤の混色を見せてもいいです。
6．指先でためし紙の上に桜の花びらを描きます。
7．色画用紙の上（天）から下（地）へ指点描で桜の花びらを描きます。
＊この実践は描画指導者・池田栄氏の実践を参考にしました。

実践例「おたまじゃくし」（1，2歳児）

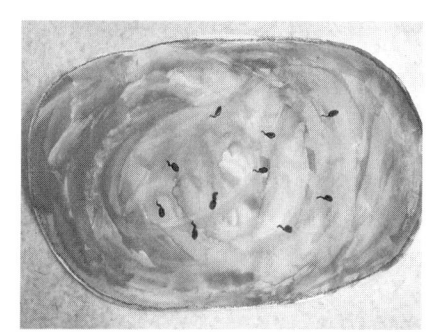

＜ねらい＞
● 春のおたまじゃくしを飼育し，子どもたちに観察させます。
● 指点描によっておたまじゃくしを表現します。

＜準備するもの＞
おたまじゃくし，色画用紙（水色・16切），ためし紙，絵の具（黒），梅皿またはペットボトルのキャップ，クレヨン

参考作品

＜指導方法＞
1．おたまじゃくしをよく見ます（保育者が水を取り替えたり，餌をやったりする日常の様子も見せます）。
2．指点描でためし紙の上に描いてみます。
3．水色の色画用紙を水槽または，池に見立てておたまじゃくしを描きます。
4．クレヨンか油性ペンで短いしっぽを描きます。

実践例「野原のたんぽぽ」（1，2歳児）

＜ねらい＞
● 春の野原であそび，たんぽぽを見つけます。
● 指点描によって，たんぽぽを描き，表現します。

＜準備するもの＞
色画用紙（草色・16切），ためし紙，絵の具（白・黄），梅皿またはパレット

参考作品　　＊口絵 i

＜指導方法＞
1．園庭や散歩に行った野原でたんぽぽを見つけて，花つみをしてあそびます。
2．つんだたんぽぽを持ち帰り，洗面器の中に水を張って浮かべます（花びんではすぐにしおれます）。
3．白と黄を混ぜた絵の具を梅皿に用意します（白を混ぜなければ，色は沈んでしまいます）。

4. ためし紙の上に指でグルグルとまるを描いてみます。
5. 草色の色画用紙の上に、指でたくさんの野原のたんぽぽを描きます。
6. 保育室の壁に横に並べて貼り、みんなで鑑賞し、野原のこと、たんぽぽであそんだことを話し合います。

実践例「あじさい」（2歳児）

＜ねらい＞
- あじさいの花の赤紫や青紫の美しさを味わいます。
- スポンジたんぽを使って、あじさいの花を描き、表現します。

＜準備するもの＞
あじさいの切り花（花びん）、白画用紙（16切）、色画用紙（水色・直径10cmで、まるく切ります）、ためし紙、スポンジたんぽ（割りばしの先をスポンジで包み、輪ゴムでかたくしばったたんぽを保育者がつくります）、スタンプインク（赤・青）
＊葉は保育者が色紙で設定します。

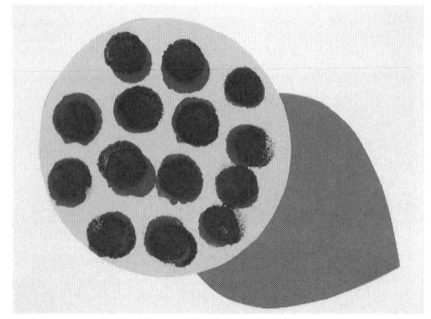

＜指導方法＞
1. 園庭のあじさいや花びんのあじさいをよく観察します。
2. 知っている色について話し合います。紫色に気づかせます。
3. 保育者がつくったスポンジたんぽにスタンプインクをつけ、ためし紙の上で押してみます。
4. まるく切った水色の色画用紙に、赤と青と2つの色を別々のスポンジたんぽで押します。
5. まるい画用紙いっぱいに赤と青の色を重ねてペタペタとぬります（併置混合によって色が混ざって見えます）。
6. 描いた作品を白画用紙（16切）の上にのりで貼ります。
7. 壁に貼って、みんなで鑑賞します。

参考作品

実践例「若葉」（2歳児）

＜ねらい＞
- 新緑の初夏の樹木の下であそび、若葉の美しさを楽しみます。
- スポンジたんぽを使って、点描により生い茂った樹木を表現します。

＜準備するもの＞

参考作品

色画用紙（空色・16切），ためし紙，スポンジたんぽ，スタンプインク（青・黄・緑）
＊樹木は保育者が色紙で設定します。
＜指導方法＞
1．園庭や散歩によって新緑の樹木の木影であそびます。
2．手で幹に触れてみます。影を踏んで歩いてみます。太陽をすかした木の葉をのぞいてみます（まぶしいため，一瞬だけにします）。
3．下の方の葉っぱを1枚だけちぎって持ち帰ります。
4．ガラスのお皿に，水を張って葉っぱを浮かべます（数日は枯れないでしょう）。
5．スポンジたんぽにスタンプインクをつけ，ためし紙の上で押してみます。
6．空色の色画用紙の樹木の上に，スポンジたんぽを使って，青，黄，緑の色をいっぱいにポンポンと押します。
7．絵を見ながら，樹木のこと，葉っぱのことを話し合い鑑賞します。

実践例「足あと」（2歳児）

＜ねらい＞
●夏の天気の良い日，素足になって足をたらいにつけ，濡れた足で"ピタピタ"とテラスを歩いてみます。
●足あとに気づかせ，いろいろな小鳥や動物の足あとを空想して描き，表現します。

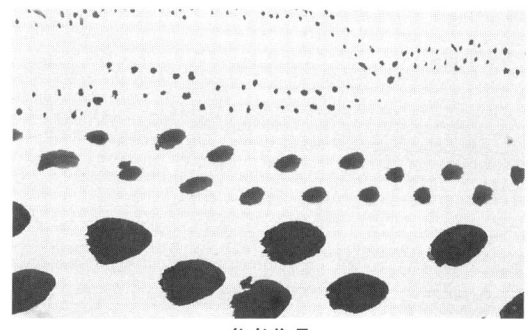

参考作品

＜準備するもの＞
たらいの水，色画用紙（黄色・8ツ切），ためし紙，絵の具（茶・黒），筆（0号・6号・10号），パレット，水入れ
＜指導方法＞
1．たらいの水に足をつけて，テラスやフロアの上を歩いてみます（アスファルトやコンクリートの方が，足あとがよく見えます）。
2．ためし紙を使って0号の細い筆で点描の指導をします（絵の具の扱い方については少しずつ教えることにして，はじめての時は絵の具をパレットに用意してあげます）。
3．小さい細い筆は，小鳥さんの足あとを表現して描きます（0号の筆で，チョンチョン，ポツポツ点描ができます）。
4．中くらいの筆は，いぬときつねの足あとを表現して描きます（6号の筆で左から右へ描き，いぬの足あと「ペタペタ」ときつねの足あと「ピョンピョン」は色分けします）。
5．太い筆は，山から出てきたくまの足あとを表現して描きます（10号の筆を使って，左から右へ，「ベタベタ」,「ノッシノッシ」と描きます）。

6．小さな点描，中くらいの点描，太い点描の足あとが何の動物だったか絵を見ながら話し合います。

実践例「ぶどう」（2歳児）

＜ねらい＞
- ぶどうの粒々のまるがわかって描けます。
- 丸筆を3本の指（親指，人差し指，中指）で支え，コマのようにグリッと回すことによって，最も初歩的なまるらしき形が描けるようにします。

＜準備するもの＞
ぶどう，色画用紙（黄色・16切），ためし紙，絵の具，丸筆（8号），梅皿またはパレット，水入れ
＊ぶどうのつるは保育者が設定（クレヨンまたは油性ペンの茶）します。

参考作品

＜指導方法＞
1．ぶどうを見せます。1粒もいで食べてみます。味わいながらぶどうの味や形について話し合います。
2．ぶどうの色を絵の具で保育者がつくって見せます（赤と藍色の混色）。
3．ためし紙の上で，丸筆を使って点描で置いてみます（花びらみたいで丸くはない）。
4．保育者がコマを回すように，筆をグリッと回して描いて見せます。
5．子どもたちにグリッと回すことを体験させます。
6．黄色の色画用紙に用意されたぶどうのつるの上から，グリッと筆を回しながらぶどうを描きます。
7．かすれたら絵の具をつけます。グリッと上手に回すことのできない子には，「ピタピタ，トントンでもいいよ」と，点描によるぶどうを描かせてもいいです。
8．できた「ぶどう」の絵を見ながら，残ったぶどうを味わいます。外側の皮の色と中身の色との違い，種があることにも気づいていけるといいです。

実践例「ミニカーレース」（2歳児）

＜ねらい＞
- クレヨンを使って，ミニカーレースを楽しみます。
- 目的のある"グルグルまる"が描けるようにします。

＜準備するもの＞
白画用紙（16切），色画用紙（緑），ミニカー，クレヨン，青と赤のシール

＊芝生は色画用紙（緑）を使って保育者が設定します。

＜指導方法＞
1．ミニカーであそびます。芝生が設定された画用紙の上を，芝生を踏まないようにグルグルと回ってあそびます。
2．保育者が白画用紙の左下角にスタートの青いシールを貼り，右下角にゴールの赤いシールを貼り，位置を説明します。
3．ミニカーであそんだ後，ミニカーと同じ色かそれに近い色のクレヨンを子どもに見つけさせます。
4．今度はミニカーの代わりに，クレヨンで芝生を踏まないように，グルグルと回ってみようと話して，それぞれの画用紙の上に"グルグルまる"を描きます。

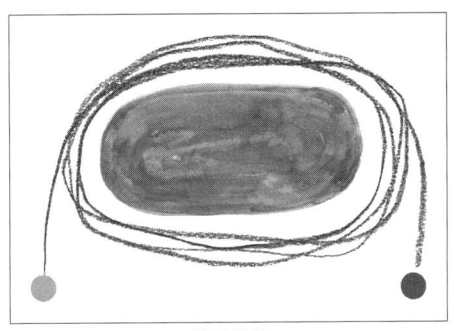

＊右利きの子は時計の針の方向，左利きの子はその反対のほうが描きやすいです。

実践例「雨がふる」（2歳児）

＜ねらい＞
●雨の日を選んで，雨が空の上の方から降ってくることに気づかせます。
●クレヨンを使って上から下への線が描けるようにします。

＜準備するもの＞
色画用紙（灰色・16切），クレヨン（または色えんぴつ）

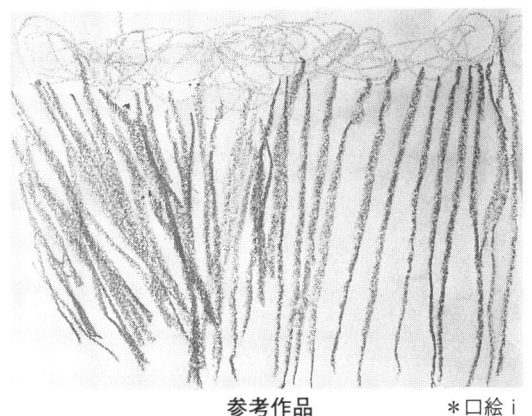

＜指導方法＞
1．雨の日，窓にもたれて雨を見ながら「上から下へ降ってくること」，「雨がつめたいこと」，「粒々の雨（点）がザーッと勢いよく降る（線）こと」を話し合います。
2．灰色の色画用紙を渡し，天と地（上と下）を教えます。
3．人差し指でザーザー降る雨を描いてみます。
4．クレヨンの白（または水色）で，上から下へ降る雨を描きます。

第4章 観察活動の指導

1 観察活動のねらい

　絵が描けるということは，「よく見る」ということです。先にも「指導の順序性」（P.26）の項で述べましたが，正しく形を見ることは，形を正しく認識することです。部屋の中，保育室の中をグルッと見回すと，ほとんどの物の形は**四角とまるの幾何学形**に整理されます。まれに三角形や五角形がありますが，日常，子どもたちが目にしているのは四角形と円形（まる）です。

　保育室の窓，1枚ずつのガラス，広げたカーテン，テーブル，椅子，事務机，机の上のノート，日誌，戸口，ドア，天井，子どもたちのロッカーなど，1つずつ目を移して見ると四角の多さに気づくでしょう。

　一方，食器や食べものはまる，または，まるの変形が多いことに気づきます。一口にまるいといっても皿状のまる，ボール状のまる，リング状のまるがありますが，お皿，お盆は皿状でも，コップや水差し，水筒，花瓶，ポットは円柱，円筒形の仲間です。リンゴ，柿，みかん，メロン，すいか，かぼちゃ，ぶどうなどはボール状（球状）のまるとその変形です。大根，人参，きゅうり，白菜，竹のこなどの野菜になると，もっと複雑でまるの仲間でも，円柱よりは円錐形のまるとその変形が多くなってきます。

　このように様々な形があるわけですが，**一歩外へ出て見ると，幾何学形では整理できないもっと複雑な形に満ちあふれています**。野の草も花も，樹木もその葉っぱも複雑ですが，よく観察すると自然の中には放射状をはじめとするいくつかの法則があることもだんだんわかってきます。

　観察活動はこうして正しい形を見てとらえ，認識するわけですが，この形には色彩があることやそれぞれに違った質感や量感があることも認識を深めていかなければ，物の持つ本質をとらえることはできません。

　親（保育者）と子どもが日常的に「これなあに？」という子どもの素朴な質問に言葉で答えていくことも大切ですが，よほど何回も繰り返さなければ，ものの名前も覚えませんし，認識力を高めるためには丁寧な観察を通して説明しなければ，子どもの力にはなりません。

　ところが，**絵を描くということは，単に視覚を通して目に映る，見えるというだけでなく，視神経を通して情報を大脳に訴え，その大脳が命令して手の筋肉を動かす，目と手の協応動作です**。例えば，目の前の「みかん」をまるの仲間，しかもボール状のまるの仲間と識別しながら，鉛筆やクレヨンでまるい形を表現していきます。「みかんだよ。みかんは，まあるい形をしているね」などという言葉かけも必要ですが，描くことによって，もっともっと確かな正しい形を見つめ，形を認識していくわけです。

　その時に見えたことを手との協応動作によって表現するためには，クレヨンを持つ指，筆圧をかける手，意図的な方向へ線が描ける表現力（描写力）がなければ，せっかく見てわかっ

第4章 観察活動の指導

たことを表現することはできません。その表現の基礎能力については前述しましたが、幼児にとって観察活動がいかに大切かということはご理解いただけたことと思います。

2 何を教えたらよいか

次に考えなければならないのは**題材とそのねらい**についてです。3歳以上の子どもたちにとっても、「単純なものから複雑なものへ」、「反復と定着」という、教授法の原則は大切なことです。いきなり屋外へ出て複雑な夏の樹木を描くという題材は3歳児にはまだ無理なことです。

乳児期に体験した「おにぎりのゴマ」や「おせんべい」などの単純な題材によって、まずは点描ができるというところから教えなければなりません。2歳で体験した子どもにとっては復習ですし、また、別の点描の題材を与えてもよいのです。3歳で入園してきた子どもにとっては、はじめての体験です。クレヨンや絵の具の描画材の扱い方、用具についてもはじめから丁寧に教えなければなりません。家庭にクレヨンや色鉛筆などがなかったり、あっても使ったことがない子どももいるかも知れません。その子たちが、はじめから「描けない」と劣等感で投げ出したり、あきらめたりしないように、時には綿棒や指点描を使った題材を教えなければなりません。その場合は、そうした子どもだけを集めてのグループ指導や1人だけの1対1対応による個別指導も必要です。

こうして6月までの間には、どの子にも乳児期で体験した絵画指導によって表現力を回復させるように努力しなければなりません。いつまでも1対1対応で恥ずかしさや劣等感を感じさせてはいけません。年少組における一斉指導も体験させなければなりません。集団での指導はそれもまた、意義のあることです。「みんなで一緒に楽しむ」、「みんなと自分を対比する」、「みんなのいいところを学び合う」、「みんなの力が自分の力にもなる」、「みんなで作品を見て、いいところをほめ合う」というように集団の中で育ち合うことも大切なことです。

中には最近、「一斉指導は、子どもを画一的にしてしまう」といって、少人数グループの指導や絵画のコーナー保育を提唱している人たちもいますが、それぞれに良さはありますがそれ一辺倒というのは良いわけありません。いつまでも親や保育者が1対1対応で保育ができるわけがありませんし、人間は、やがては集団の中で生きていかなければならない社会的な動物なのです。集団の中での活動、集団の中での絵画指導も大切です。年長の卒園期が迫ってくると、集団による「共同制作」という活動を取り入れている園もたくさんあるように「個から集団へ」というのも教授法の中の大切な原則の1つです。

3 どんな力がつくのか

観察活動を通し子どもたちは自分の身の回りで起きていることや、自然界の移り変わり、動物などにも興味を持つようになります。

43

見たことを正しく認識するためには言葉の力も借りなければなりません。その言葉によって「なぜ」,「どうして」,「いつ」,「どこで」などの追求が深まります。親や教師（保育者）が寡黙だと，子どもの言語能力の発達も遅れるし，認識力が育ちません。
　子どもたちは質問を通して，周囲の事物や現象を比較できるようになってきますし，いろいろと興味を持ったものを絵に描くことによって一層認識力が深まっていくのです。
　絵の題材例との関係を多田信作氏は『絵の教育』[22]の中で次のように整理していますので紹介しておきたいと思います。

［3歳児の年齢的特徴］

① **活動のねらい**
- 子どもの生活の中にある様々な「かたち」を正しく認識させる（かたちの習得，習得したものを正確にそして，自由に表現する能力を身につけることを目的にする）
- 「かたち」の吟味を教師（保育者）と子どもの力でする

② **教授の過程（何を教えるか）**
- 子どもが自分で見えたものの形を認知できるように指導
- 形の識別が正しくできるような指導
- 形の幾何学的な名称をはっきりいえる指導
- 形の特徴をとらえ，把握することができるような指導
- ものとものの間の類似と差異による比較が単純にできるような指導
- そのもののおかれている状態に関係なくものを識別できるような指導

③ **子どもの学習（どんな力がつくか）**
- 自分の身の回りに起こること，友だちへの教師の働きかけ，自然界の移り変わり，動物などに興味や注意を持つように組織する
- ことばで「なぜ」,「どうして」,「いつ」,「どこで」など質問追求ができるようになる
- 周囲の事物に対して，現象を比較できるようになる
- ことばと事物の結びつきが強化される

④ **実践の題材例（あそびとの結びつきで）**
- 線路──まっすぐな線
- りんご，タイヤ──自分の周りにある事物を形，機能的な面からしっかり認識する
- お菓子を使って，まるい形，四角い形を認識し，表現する──チョコボール，おだんご，おせんべい，ドーナツ（まる），積木，机，バス，電車（四角）

[4歳児の年齢的特徴]

① 活動のねらい
- 子どもたちに，周りの事物や現象を正しく把握して追求し，理解させていく
- 3歳児の時の認識を基本とする
- 5歳になるための準備
- 情緒反応も活力に満ちて多様性を持ってくる──堅固になるよう教育する

② 教授の過程（何を教えるか）
- 社会性が広がるように指導する
- 思考が膨らみ，それに伴う活動ができるように指導する
- 記憶が増大し，それに伴う活動ができるように指導する
- ことばを通しての認識が深まるよう表現と結びつけて指導する
- 身近にある色の正しい識別と事物の正しい知覚ができるように指導する

③ 子どもの学習（どんな力がつくか）
- 形がより正しく把握できるようになる
- 色が形とあわせて識別できたか
- 正しく描くための記憶が定着し増大しているか
- 事物の現象をことばによって正しく表現できるようになる
- 思考とルールの習得

④ 実践の題材例（自信がつく，自信を持つ）
- さかな──子ども自身の観察──（よく見る・よくわかる）
- にわとり，うさぎ，ひつじ
- わたあめ，パン，かき氷──濃い・薄い
- 粘土あそび──いろいろなものを見てつくる

[5歳児の年齢的特徴]

① 活動のねらい
- 観察すること。観察のさせ方も複雑になり，周囲の環境の中の個々の現象や事物の理解を通して，それらの形，色，構成やその特徴に気づき記憶化される目的をもって，繰り返して観察させることが大きな目的となる

② 教授の過程（何を教えるか）

- １つの事物や現象と他のものを比較する時，それぞれの特徴と差異が自主的にわかるように指導する（自主観察）
- 子どもの自主的観察を土台として，子どもの興味を膨らませるような指導をする
- 自主的，自発的なあそびを経験し，それらが自分たちの生活の中で整理され，必要なものになるように指導する
- あそびが学習的活動要素を持ってくるように指導する

③ 子どもの学習（どんな力がつくか）
- 対象を空間関係の中でとらえたり，相互関係の中でとらえることができる
- 自分たちの生活のために必要な知識を土台として，対象を系統的に観察しようとする態度が育成される
- 自分の周囲の事物の美しさを意図的に見ることができたり，理解することができる
- 自分で色の性格に気づき，色や形の表情を読み取り，理解していく
- 作品を自分たちで点検，吟味し，評価する作業を通して，表現力を高め，自信を持つ

④ 実践の題材例（意図的に対象を見，それをどう表現するか）
- ムギの穂──細かい観察・鉛筆
- 風船──形と色
- にわとり──全体と部分・動きの表現
- 手──絵にかき，粘土で立体的につくる
- うま──対象との取り組み，継続，比較

4 年齢別にみる実践の作品例

［３歳児の観察表現］

４月 実践例「桜の花びらが散る」＊地域によっては５月

＜ねらい＞
●春の喜びを桜の花の散る様子を見て描きます。
●上から下への点が描けるようにします。
＜準備するもの＞
色画用紙（空色・16切），ためし紙，絵の具（白・赤），筆（8号），梅皿またはパレット，水入れ
＜指導方法＞
1．園庭または，近くの公園へ行って桜の木を観察します。

第4章 観察活動の指導

2. 桜の樹皮をなでてみたり，舞い散る花びらを拾い桜吹雪にしてあそびます。
3. 1枚だけ花びらを拾ってきて，透明のガラスの容器に浮かべてよく観察します。
4. 白と赤の絵の具を梅皿またはパレットの上で混色します。
5. 空色のためし紙の上で，8号の筆先を整えてピンク色を点描で置いてみます。
6. 本物の花びらと色が似ているかどうか確かめます。
7. 16切の色画用紙の天地を教え，上から下への舞い散る花びらを描きます。
8. 散った花びらは地面に筆を横点描で描きます。

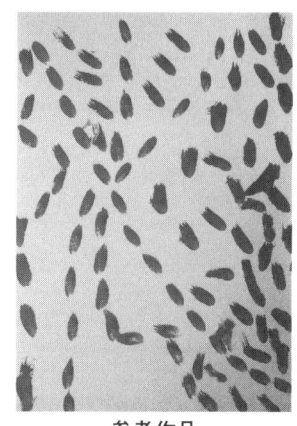

参考作品

4月 実践例「チューリップの花」＊地域によっては5月

<ねらい>
●下から上へ伸びる美しいチューリップの花を描き，表現します。
●下から上への意識した線が描けるようにします。
●花びらの重なりが描けるようにします。

<準備するもの>
白画用紙（16切），ためし紙，クレヨン，絵の具（赤・黄土・緑），筆（8号），パレット，水入れ

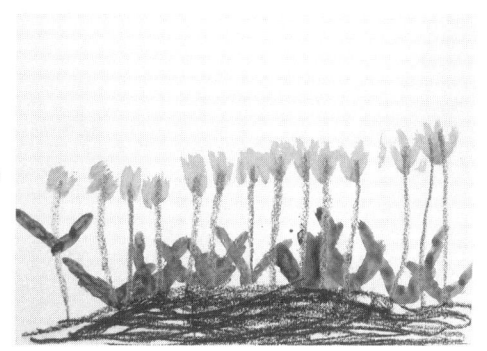

参考作品

<指導方法>
1. 園庭でチューリップの花をよく観察し，形や色について気づいたことを話し合います。
2. 花瓶にチューリップの切り花を1本ずつ活けてテーブルの上に置きます。
3. 茎の下から水を吸い上げて上へ上へと送っていることを教えます。
4. ためし紙の上でクレヨン（黄緑または緑）で下から上への線を描いてみます。
5. 絵の具（赤）の点描で，3枚の花びらを重ねて描いてみます（裏側にも3枚ある）。
6. 白画用紙（16切）を配り，指先で下から上への線をなぞってみます。チューリップの花の場所もなぞってみます。
7. 花びんのチューリップをもう一度よく見て，茎の色のクレヨンを選びます。
8. 画用紙の天地を確認し，クレヨンで下から上へ伸びるチューリップの茎を描きます。
9. 絵の具（赤）で，3枚の重なる花びらを点描で描いてみます。
10. 黄土と緑を混色して，葉っぱの色をつくります。ためし紙に描いて確かめます。
11. 筆の点描で，"ピタピタ"と葉っぱの色を置きながら葉っぱの形を描いてみます。

12. 本物の花びんのチューリップを見ながら，自分の絵と対比し，鑑賞し合います。

5月 実践例「雨」

＜ねらい＞
- 春から初夏にかけての雨をよく観察し，手のひらや傘で受けとめて体験します。
- 上から下への意識した線が描けるようにします。

＜準備するもの＞
色画用紙（灰色・16切），ためし紙，クレヨン（白・水色）

＜指導方法＞
1. 雨の日を選んで窓から外の雨の様子を観察します。
2. 軒から落ちる大きなつぶつぶの雨。天から降ってくる上から下への線。地面に落ちた水たまりと雨の波紋など見つけたことを話し合います。
3. テラスへ出てそっと手を出し，雨の感触を確かめます。上から下へ（天から地へ）と降り続く雨を確認します。
4. ためし紙の上で，上から下への線をクレヨンの白と水色で描いてみます。
5. 雨傘を持っている人，または，雨傘を下の方の位置に貼った灰色の色画用紙（16切）を配って，天地を確認します。
6. 指先を使って，ポツポツ降る雨，ザーザー降る雨をなぞってみます。
7. 白のクレヨンで雨を描き，さらに水色のクレヨンで降る雨を描きます（並置混合）。
8. みんなの絵を壁面に貼って，鑑賞し合います。

参考作品

6月 実践例「あじさい」

＜ねらい＞
- 雨にぬれたあじさいの色彩の美しさを描きます。
- "上・下・左・右"の点描による花びらのかたまりを描き，表現します。

＜準備するもの＞
あじさいの花，色画用紙（灰色・15cm正方形），ためし紙，絵の具（赤・藍・白），筆（6号），パレット，水入れ

参考作品

＜指導方法＞
1. 園庭か近くの公園であじさいの花の美しさを観察します。赤紫と青紫の色彩の美しさに

ついて話し合います。
2. 切り花を1輪花びんに活けて，花びらをよく観察します。"上・下・左・右"の4枚の花びらが群になって1輪のあじさいの花になっていることを知ります。
3. ためし紙の上で，赤紫の絵の具で"上・下・左・右"を描いてみます（色は，保育者が事前に混色しておきます）。
4. 正方形の色画用紙を配ります（保育者が鉛筆で大きなまるを描いておきます）。
5. 鉛筆のまるの中に，たくさんの"上・下・左・右"の花びらを描きます。
6. 保育者が用意した赤紫に少しだけ藍色を混色します（青紫になります）。
7. 光のあたっていない下の方に，青紫の花びらを描きます。
8. 白い台紙（ふち1cm）の上に作品を貼って壁に展示し，鑑賞し合います。

6月 実践例「水道」

＜ねらい＞
●毎日の手洗いの習慣で体験している水道を描きます。
●上から下への強い線が描けるようにします。

＜準備するもの＞
色画用紙（灰色・16切，水道の蛇口は保育者が色紙で貼っておきます。下に容器を設定してもいいです），クレヨン（白・水色）

＜指導方法＞
1. 流し場へ行って手を洗う。その後で水道の蛇口のこと，水の勢い，水の冷たさ，手のひらに受けた感触について話し合います。

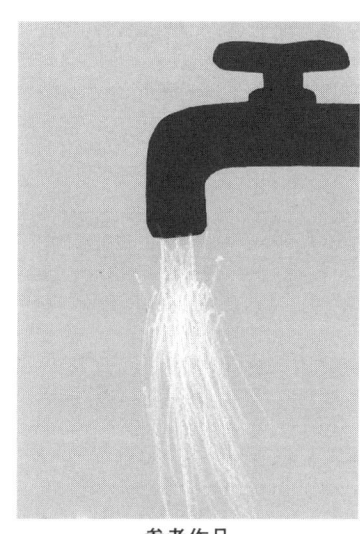

参考作品

2. 灰色の色画用紙に貼ってある蛇口を回す真似をして，「ジャーッ」と口にしながら人差し指で上から下への線をなぞってみます。
3. クレヨン（白）ではじめはチョロチョロと出てくる細い線で水道の水を描きます。
4. 今度は蛇口を開いて，クレヨン（水色）で「ジャーッ」と口にしながら強い線で水道の水を描きます。
5. 最後にもう一度手洗いをしてから，自分の絵を見て水の勢い，冷たさが描けたかどうか話し合ってみます。

7月 実践例「草」

＜ねらい＞
●夏草の原っぱで寝転んだり，腹ばいになって草を観察します。

●下から上への意識した線が描けるようにします。

<準備するもの>
色画用紙（空色・横長30cm×15cm），クレヨン（黄緑・緑）

<指導方法>
1. 晴れた夏の日，園庭の芝生や近くの公園へ散歩に行って，草原であそびながら地面から空に向かって伸びている草を観察します。
2. 2，3本の草を摘んできてテーブルの上に置いて観察します。下の方がやや太くて先にいくにしたがって細くなっている草を見ながら，形と色について話し合います。
3. 空色の色画用紙を横にして，下（地）から上（天）への線を指でスキーのジャンプのように"スーッ，シュッ"となぞってみます。
4. はじめに明るい黄緑のクレヨンで，下から上への線を左から右へといっぱいに描きます。
5. 次に緑のクレヨンで下から上への線をいっぱいに描いていきます（並置混合）。
6. 机の上の草と自分の描いた草とを対比してみます。
7. 壁に展示して鑑賞し合います（台紙は白，ふち1cm）。

参考作品

7月 実践例「ドーナツ」

<ねらい>
●おやつの時を利用して，ボールドーナツやリングドーナツを食べ，色や形，味わいについてよく観察したり感じを話し合います。
●絵の具を使ってボール状のまるとリング状のまるが描けるようにします。

<準備するもの>
ドーナツ（ボール状とリング状），色画用紙（黄色・10cm×15cm），ためし紙，絵の具（黄土・茶・白），筆（6号），パレット，水入れ

参考作品　　＊口絵 i

<指導方法>
1. ドーナツを各テーブルのナプキンの上に置いて，形についてよく観察し合います。
2. 別に用意したドーナツを少しずつ味わわせて，味や舌ざわりについて話し合います。
3. ためし紙の上で，指先で"グルグルまる"を描いてみます（ボール状のまる）。
4. 黄土色に茶色を混ぜながら，ドーナツの色をつくり，ためし紙の上で確かめてみます。
5. ためし紙の上で，筆先を使って内側から外側へ"グルグルまる"を描いてみます。

6. 用意した色画用紙の左側にボールドーナツを描きます。
7. ためし紙の上でリング状のまるを描いてみます（内側から外側へ）。
8. 色画用紙の右側にリングドーナツを描きます。
9. 一度水入れで筆を洗い，ところどころに白い絵の具で砂糖をふりかけます（ピタピタと点描）。
10. 白画用紙を台紙（ふち1cm）にして貼ります。
11. ドーナツをみんなで食べながら，作品を鑑賞し合います。

8月 実践例「おだんご」

＜ねらい＞
- 串だんごを題材におだんごの色や形をよく観察したり味わったりします。
- ボール状のまるを連続して重なりで描けるようにします。

＜準備するもの＞
おだんご（2種類），白画用紙（32切），ためし紙，絵の具（黄，茶，青），筆（6号），パレット，水入れ

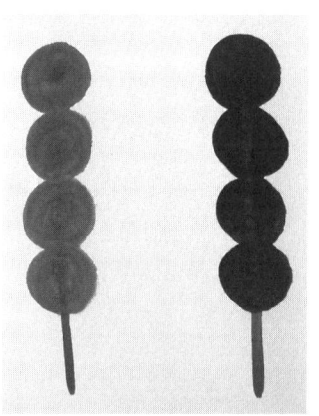

参考作品

＜指導方法＞
1. おだんご（醤油味・あんこ味）を用意して形や色についてよく観察し，少しだけ食べて味や舌ざわりなどについて話し合います。
2. はじめに醤油味の色づくり（黄色に茶色を混色）をし，ためし紙の上で確かめます。
3. 竹串は事前に保育者が画用紙に2本，黄土色で描いておきます。
4. 内側から外側への"クルクルまる"をためし紙の上で描いてみます。
5. 画用紙の左側の串に上から下へとおだんごを4個，描きます。
6. 次に茶色と青でこげ茶色をつくり，ためし紙の上であんこ味の混色を確かめます。
7. 画用紙の右側の串に上から下へとおだんごを4個描きます（反復と定着）。
8. おだんごを食べながら作品についての感想を話し合います。
9. 茶色の台紙（ふち1cm）に貼り，壁に展示します。

8月 実践例「コスモス」 ※地域によっては9月

＜ねらい＞
- コスモスの花をよく観察し，様々な色について話し合います。
- コスモスの1輪を観察し，8枚の花びらが放射状に広がっていることを知ります。
- 放射状に広がる花びらを描けるようにします。

＜準備するもの＞

コスモスの花1輪(グループごとに)，色画用紙(空色・10cmの正方形)，ためし紙，絵の具(白，赤，黄)，筆(0号，8号)，パレット，水入れ

<指導方法>

1. 園庭や公園でコスモスの花をよく観察し，形や色について話し合います。
2. コスモスを1輪だけとって子どもの目の前で，"上・下・左・右"の順で花びらをちぎってみせます(放射状に広がる花びらが8枚あることに気づかせます)。
3. ちぎった花びらをガラスの容器の水に浮かべて，ピンクの色合いについて観察します(色の濃い薄い)。
4. コスモスの花びらを見ながら，白と赤を混色してピンク色をつくり，ためし紙の上で確かめてみます。
5. 8号の筆先をそろえて，"上・下・左・右・(間に)ちょんちょんちょんちょん"の順で，放射状の花びらを8枚描いてみます。
6. 正方形の色画用紙の中心に，0号の筆を使って黄色い花粉をクルクルと小さく描きます。
7. 花粉のまわりに8号の筆を置くように，"上・下・左・右・(間に)ちょんちょんちょんちょん"の花びらを描きます。
8. 白画用紙の上に貼ります(ふち1cm)。
9. 壁に展示して，1輪のコスモスを鑑賞し合います。

参考作品

9月 実践例「目玉焼き」

<ねらい>

● 目玉焼きをフライパンで焼きながら形や色の変化について，よく観察します。
● 皿状の平面的なまるの重なりが描けます。

<準備するもの>

フライパン，卵，電熱コンロ，油，色画用紙(黒・フライパンの形に切る)，ためし紙，絵の具(白，黄)，筆(6号)，パレットまたは梅皿，水入れ，

参考作品

<指導方法>

1. 電熱コンロの上にフライパンをのせて，周りに子どもたちを集めて目玉焼きをつくって見せます。
2. 少しだけ塩をふりかけて，目玉焼きを切り取って味わいながら，形と色について話し合

います。
3．ためし紙の上に，絵の具（白）で白身の部分を描いてみます（水気が多いと色が沈んでしまいます。筆ふき用の布切れで筆の水分を少なくすることを教えます）。
4．フライパンの形をした黒の色画用紙を配る。指先で「油をぬったね」と言いながらクルクルとなぞってみます。
5．筆に絵の具をつけて，目玉焼きの白身の部分（皿状のまる）を描きます。
6．白い部分が完全に乾いてから，絵の具（黄）で黄身の部分を描きます。
7．完成した作品を壁に展示して話し合い，もう一度目玉焼きを焼いて食べます。

9月 実践例「さつまいも」

＜ねらい＞
●園の菜園のいもほりや行事としてのいもほりの体験を通して，さつまいもの形と色をよく観察します。
●さつまいものかたまりとしての量感を表現します。

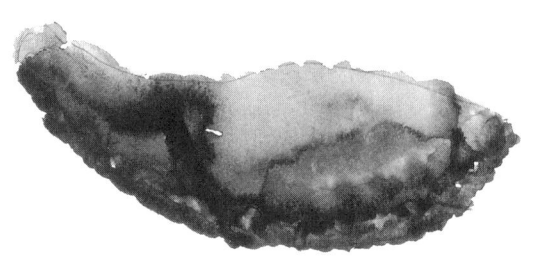

参考作品

＜準備するもの＞
さつまいも，色画用紙（黄土色・16切），ためし紙，絵の具（赤，青，茶），筆（8号），パレット，水入れ
＜指導方法＞
1．いもほりの体験を話し合いながら，机の上に用意されたさつまいもの形や色について話し合います。
2．絵の具の赤と青を混色して，赤紫の色をつくります。そのつくった色に茶色を混ぜます（3色の混色）。
3．ためし紙の上でつくった色を確かめます。
4．筆点描で，黄土色の色画用紙の中心からどんどんと太らせて形をつくっていきます。
5．さつまいもの小さな毛に気づいた子どもには，つまようじで細い毛を描かせてもいいです。
6．こげ茶色の台紙（ふち1cm）に貼って展示をし，鑑賞し合います。

10月 実践例「落ち葉」

＜ねらい＞
●園庭や散歩の時に見る街路樹を観察し，秋の色の移り変わりを知ります。
●落ち葉を1枚拾ってきて，形と色をよく見ながら線で描きます。

<準備するもの>

落ち葉（桜の葉が望ましい），白画用紙（8cm×10cm），クレヨン，絵の具セット一式（各自）

<指導方法>

1. 散歩で拾ってきた落ち葉をガラスの容器の水に浮かべて，形や色について観察したことを話し合います。
2. クレヨンの茶色で落ち葉の形を描きます。
3. 葉っぱの葉脈を見つけて線で描きます。
4. 葉っぱの色づくりをします（黄土に茶色が基本。季節の進み方で朱色や緑が混ざります）。
5. クレヨンで描いた葉っぱの線の上に，葉脈に沿って色をつけます（はじき絵）。
6. こげ茶色の台紙（ふち1cm）に作品を貼ります（もう1つの方法は白画用紙の上に，拾ってきた葉っぱと作品を並べて貼ります）。
7. 鑑賞しながら，それぞれの混色の良さを話し合います。

参考作品

10月 実践例「秋の木」

<ねらい>

● 深まりゆく秋の樹木の全体を観察します。
● 筆点描により点の延長が線になり，面になることを表現します。

<準備するもの>

色画用紙（空色・16切），ためし紙，絵の具セット一式（各自）

参考作品

<指導方法>

1. 園庭や公園の木をよく観察し，自分の名前をつけた1本の木を選ばせます。
2. 樹皮を手でなでたり，抱いたり，耳をあてて木の音を聞いたりしてあそびます。
3. 木の影を踏んで歩き，太い幹がたくさんに分かれていることを目だけでなく足でも体験します。
4. 絵の具（茶と藍色）を混色して，自分の木に近い色づくりを指導します。
5. ためし紙の上で確かめながら，6号の筆を横点描で描いてみます（太い幹）。
6. ためし紙の上で今度は縦点描で描いてみます（細い枝）。
7. 空色の色画用紙の天地を確認して，横点描で下から上へ太い幹を描きます。途中から縦点描で細い幹や枝を描きます。
8. 枝の先のほうは，0号の筆で小枝を描きます。
9. 季節によって枯葉が残っている時は，筆の点描によって枯葉（色づくりは先にあげた「落

ち葉」で体験）を描きます。
10．白画用紙の台紙（ふち1cm）に貼ってから鑑賞します。

11月 実践例「後ろ頭」

＜ねらい＞
●後ろ頭をよく観察して，友だちの髪の毛の方向を知ります。
●つむじ（グリグリ部分）を中心にして広がる髪の毛を線で描きます。

＜準備するもの＞
色画用紙（はだ色・頭の形に耳をつけてまるく切る），クレヨンまたは色鉛筆，ビーチボール

＜指導方法＞
1．友だち同士で後ろ頭をよく観察させ，つむじを発見します。
2．ビーチボールを見せて，髪の毛の方向がビーチボールの線のように，つむじから広がって上から下へ伸びていることを確認します。
3．頭の形に切ったはだ色の色画用紙を配ります。人差し指でつむじの部分をなぞってみます。
4．茶色のクレヨン（または色鉛筆）で，つむじから生える髪の毛を線で描きます。
5．こげ茶色のクレヨンで，地肌がかくれるように，さらにたくさんの髪の毛を描きます。
6．白画用紙（16切）の台紙の上に作品を貼り，襟の部分を描きます（モデルになった友だちの着ていた服の襟の色）。

参考作品

11月 実践例「正面向きの顔」

＜ねらい＞
●友だちの顔を見ながら，にらめっこをしたり，表情あそびをしたりしながらよく観察します。
●正面向きの顔の目，鼻，口など位置関係が描けるようにします。

＜準備するもの＞
白画用紙(16切)，ためし紙，絵の具セット一式（各自）

＜指導方法＞
1．福笑いをしたり，にらめっこをしたり，表情あそびをして顔に興味をもたせます。
2．フェルトでつくった顔を用意して，目，鼻，口の位置関係を確かめながら，笑った顔，泣いた顔，怒った顔を並べてあそびます。

参考作品

3．絵の具（白と茶色）を混色して顔のはだ色をつくってみます。ためし紙で確かめます。
4．16切の白画用紙を縦にして，8号の筆にはだ色をつけ，中心から外側へ広がる"グルグルまる"を描きます。
5．正面向きの左右の耳と首を描きます。
6．完全に乾いてから，絵の具（茶と藍色）を混色して髪の毛の色をつくり，6号の筆でためし紙に上から下への線を描いてみます。
7．画用紙の上に，友だちの髪型をよく見ながら下へ伸びる髪の毛を描きます（中には，まん中から分けている子，両側でしばっている子もいます）。
8．0号の細い筆を使って，前髪の下のまゆ毛と目をこげ茶色で描きます。
9．6号の筆で白い絵の具を使い，鼻をクルクル長まるで描きます（明るい色は飛び出して見えます）。
10．6号の筆で朱色を使い，唇を描きます。
11．首の下に着ている服の襟だけを描きます。
12．色画用紙（藍色）の台紙（ふち1cm）に作品を貼り，壁に展示して鑑賞します。

12月 実践例「雪が降る」

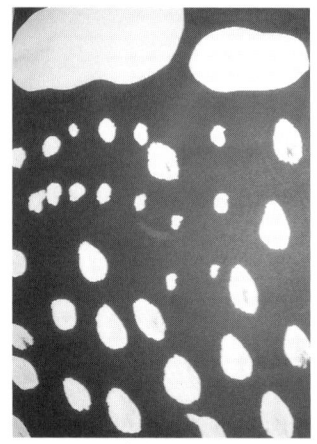

＜ねらい＞
●冬の季節感を降る雪，積もる雪を通して表現します。
●上から下への点描により，遠い，近いの距離感と雪の質感を描きます。

＜準備するもの＞
色画用紙（灰色・16切），ためし紙，絵の具（白），筆（0号，6号），梅皿またはパレット，水入れ

参考作品　＊口絵ⅱ

＜指導方法＞
1．雪の日に窓からみんなで雪をながめます。外へ出て，手のひらに雪を感じたり，口を開けて冷たさを感じるのもいいです。
2．雪の多い地方では，靴で足あとをつけたり，降った雪を集めて雪玉や雪うさぎをつくってみます。
3．雪が上から下へ降ってきて地面に積もることを，観察を通して確認します。
4．ためし紙の上に6号の筆で，点描で雪を描いてみます。筆先を立てると小さい雪，筆を下ろすと大きいぼたん雪が描けます。水が多いと薄い雪，水気をとって絵の具をつけるとはっきりした白い雪が描けます。水の加減で質感が表現できることを体験します。
5．灰色の色画用紙に上から下へ降る雪を描きます。小さい雪，大きめの雪，薄い雪，濃い雪を描きます。

6. たくさん降った雪は地面へ筆（6号）の横点描で積もらせていきます（0号の筆でななめ線を描くと吹雪の様子が表現できますが，一度には欲張りません）。

12月 実践例「クリスマスツリー」

＜ねらい＞
- 家庭や園の中のクリスマスツリーをよく観察します。
- 三角，四角，まるを組み合わせてクリスマスツリーを描きます。

＜準備するもの＞
色画用紙（灰色・16切），ためし紙，絵の具セット一式（各自）

＜指導方法＞
1. クリスマスツリーについて知っていることを話し合います。
2. 園や教室のクリスマスツリーをよく観察して，どんな形があるかを話し合います。
3. もみの木は三角形の組み合わせ，プレゼントの箱は四角形，ガラスの玉やローソクの輪はまるの仲間，十字架は縦と横の線の組み合わせ，その他にも星の形やくつ下の形があることを確認します。
4. 16切の灰色の色画用紙に，三角形の組み合わせによるもみの木を描きます。
5. 完全に乾いてから，まるいガラス玉を描いて，もみの木を飾ります。
6. まるい輪の中のローソクや四角い形に十字のリボンを結んだプレゼントを描きます。
7. その他に気づいた星や十字架や，ひいらぎの葉っぱを描いて，クリスマスツリーを美しく描きます。

参考作品

［4・5歳児の観察表現］

4月 実践例「春の空と野原」

＜ねらい＞
- 春の明るい空とみずみずしい野原の様子を描きます。
- 空の空気遠近と色による遠近を表現します。

＜準備するもの＞
白画用紙（16切），ためし紙，絵の具セット一式（各自）

＜指導方法＞
1. 散歩に出て青い春の空と野原の草やたんぽぽの花を観察します。
2. 空の上の方は青いが，だんだん地面（水平線）に近づくにつれて白っぽくなっているこ

参考作品

とを話し合います。
3. 近くの草やたんぽぽは1本1本見えるが，遠くの方は色彩だけで，じゅうたんのように見えることを確認します。
4. 部屋に戻って見てきたことを再度話し合います。
5. 保育者が，青（コバルト）の絵の具を水で薄めながら，下へ行くにしたがって薄くなっていくことを実際に見せます（空気遠近）。
6. 野原は，近くは色がはっきりと濃いが，遠くに行くにつれて，だんだん薄くなることを実際に見せます（色彩の濃淡による遠近）。
7. 白画用紙（16切）とためし紙を配布します。
8. 画用紙を縦にして上下（天地）を確認します。
9. ためし紙を使って青い絵の具の濃さを試してみます（青と水だけ）。
10. 空を描きます（地平線まで，筆は8号）。
11. 黄土色と緑（ビリジアン）の混色により，野原の春の緑色をつくり，ためし紙で試してみます。
12. 筆を左から右へ使いながらだんだん水でうすめて地平線へ近づきます。
13. 完全に乾いてから，6号の筆で近くの草を下から上への線で描きます（筆のジャンプを繰り返します）。＊草の描き方は，P.49「草」をご参照ください。
14. 野原いっぱいに咲いていたたんぽぽや綿毛たんぽぽを0号の筆で描きます。
15. 深緑色の台紙（ふち1cm）に貼って作品を鑑賞します。

5月 実践例「桜の木」＊地域によっては4月

<ねらい>
- 春に咲きみだれる桜の木の美しさをよく現地で観察します。
- 桜の木の樹木全体と木の間から見える空の美しさを描きます。

<準備するもの>
白画用紙（16切），ためし紙，絵の具セット一式（各自）

参考作品

<指導方法>
1. ちぎれ雲，ながれ雲など雲のある日の空をよく観察し，話し合う。絵に描く時は画用紙を白のまま残すことを教えます。
2. 桜の木を見に行きます。
3. 散りはじめた花びらを拾って，その形や色についてよく観察します。
4. 木と枝とその間から見える空や雲の美しさについて話し合います。

5．部屋に戻って，拾ってきた花びらをガラスの容器に浮かべ，見てきた桜の木の様子や空の色の印象を話し合います。
6．白画用紙（16切）とためし紙を配布します。（天地の確認）
7．空の青さを水で薄めながら，ためし紙で確かめます。白い雲を残すこともためし紙の上でやってみます。
8．空と雲を描く。地平線に近づくにつれてだんだんと薄くなります（空の空気遠近）。
9．地面の土や草を描きます。
10．完全に乾いてからこげ茶色（茶と藍色の混色）の横点描（筆6号）で桜の樹皮を描きます。
11．細い幹は筆の縦点描で上へ上へと梢に向かって描きます。または，枝分かれしていきます。
12．小枝は0号の筆を使って，たくさんの花を咲かせられるように枝分かれして線で描いていきます。
13．桜の花びらの色（白と赤の混色）を6号の筆点描で小枝いっぱいに描きます。
14．風に吹かれて落ちていく花びら，地面に落ちた花びら（横点描）を描きます。
15．色画用紙（緑）の台紙（ふち1cm）に貼って展示し，作品について感想や印象を話し合います。

6月 実践例「あじさいの花」

<ねらい>
●6月の雨の中で美しく咲き誇るあじさいの小枝と花と葉をよく観察します。
●青紫，赤紫の類似的調和の美しさを表現します。

<準備するもの>
あじさいの切り花，色画用紙（黄緑・16切），ためし紙，絵の具セット一式（各自）

参考作品

<指導方法>
1．園庭や公園のあじさいを雨があがった後で見に行き，よく観察しながらわかったことを話し合います。
2．テーブルの上に花びんの切り花を2輪用意して，観察してきたことを再度確かめ合います。
3．赤と藍色の混色をしながら，目の前のあじさいの色づくりをします。ためし紙の上で確かめてみます。

4．あじさいの花をかたまりで描くために，薄い水色で，どことどこに描くか２～３輪の花の場所を決めて，下ぬりをします。
5．乾くまでの間，ためし紙の上で，"上・下・左・右"の花びらを６号の筆で描いてみます。
6．完全に乾いたところで，赤紫，青紫の２～３輪の花を描きます。
7．十字形の花びらのまん中に白を０号の筆で点描します。
8．花の下の影になった部分は，青紫を加えることを指導することによって立体感がでます。
9．花びんの中の枝の部分をこげ茶色（茶と藍の混色）で描きます（４歳児は，花びんは描かず，花と枝のみ）。
10．茶と緑（ビリジアン）の混色で，あじさいの深緑色の葉っぱの色をつくります。
11．葉っぱの葉脈に沿って６号の筆の点描によってギザギザの葉を描きます。
12．濃紺の色画用紙を台紙（ふち１cm）にして，作品を展示して鑑賞し合います。

7月 実践例「どうぶつを描く」

＜ねらい＞
●園で飼っているうさぎやにわとりなど動物を題材にとりあげてよく観察します。
●粘土を使ってかたまり（量感）で動物をとらえ，平面の絵に描きます。

＜準備するもの＞
土粘土，色画用紙（黄土色・８ツ切），絵の具セット一式（各自）

参考作品

＜指導方法＞
＊動物を飼っていない園は動物園見学などの機会を利用します。ここでは「うさぎ」を例にします。
1．飼育箱のうさぎに草をやりながら，うさぎの形，色，かたまりとしての量感，毛の質感について話し合います。
2．実際にうさぎを抱いてみて，そのぬくもり，動き，自分の抱いた感情についても述べ合います。
3．部屋にもどって，うさぎの耳，目，鼻，ひげ，足，しっぽ，毛の感じやひげなど，どのくらい詳しく観察してきたか確かめ合います。
4．土粘土を使って，体，頭，耳，足，しっぽの順でうさぎをつくってみます（量感，かたまりとしてとらえます）。
5．粘土でつくったうさぎをいろいろな角度から見ながら全体像をとらえます。
6．黄土色の色画用紙を横にして左向きのうさぎを，自分の粘土の作品を見ながら人差し指

でなぞってみます（体，頭，耳，足，しっぽの順）。
7．絵の具を準備して，8号の筆を使い，白いかたまりとしてうさぎを描きます。
8．完全に乾いてから，0号の筆で左から右へ細いふわふわの毛と量感を線描で描きます。
9．赤または，こげ茶の目（種類によって異なるので，実際に見てきたうさぎの目の色）を0号の筆で描きます。
10．ひげを線で描きます。
11．色画用紙（こげ茶色）の台紙（ふち1cm）に作品を貼って展示し，印象や抱いた時のぬくもり，感情について話し合います。

8月 実践例「コスモス」＊地域によっては9月

＜ねらい＞
● 放射状に広がる花の法則性を見つけ，コスモスの花の全体を観察します。
● コスモスの葉は他の花と違って面ではなく線で構成されていることを観察して，下から上へ伸びる線で表現します。

＜準備するもの＞
白画用紙（8ツ切），ためし紙，絵の具セット一式（各自）

＜指導方法＞
1．園庭や近くの庭や公園で秋に咲くコスモスの花をよく観察します。
2．1本だけではなく，1つの株から群になって咲くコスモスの茎と葉を観察し，面ではなく線の構成であることを話し合います。
3．基本的にはピンク色が中心だが，白いコスモスや，赤味の濃いコスモス，八重のコスモスなどいろいろの種類があることを知ります。
4．コスモスを数本花びんに活けて，保育室の中で再度確認し，その美しさを味わいます。
5．ためし紙の上で放射状に広がる花びらを8号の筆で試してみます。
6．白画用紙（8ツ切）を配布します。＊3歳児の場合は，色画用紙（空色・16切）
7．絵の具（青）を水で薄めながら，秋の空とちぎれ雲を描きます。
8．完全に乾いてから，コスモスをどこに描くか指でなぞり，花粉の部分（黄）を0号の筆で描きます。
9．8号の筆で"上・下・左・右・（間に）ちょんちょんちょんちょん"の8枚の花びらを描きます。（5歳児は筆先を内側に向けて点描）
10．上向きのコスモス，横向きのコスモスは黄色い花粉が見えないので，縦点描や横点描

参考作品　　＊口絵ⅱ

で4枚の花びらを描きます。
11. 画用紙の下から花びらに向かって0号の筆で茎を描きます（黄土色と緑の混色）。
12. 茎から広がる細い葉脈のような葉を0号の筆で描きます。
13. 色画用紙（茶色）の台紙（ふち2cm）に貼ってから展示し，みんなの作品を花畑のように横に並べて鑑賞します。

9月 実践例「かぼちゃ」

＜ねらい＞
● 秋の収穫の喜びを，かぼちゃを描くことによって表現します。
● クレヨンと絵の具のはじき絵の技法を使って，かぼちゃの色と形を表現します。

＜準備するもの＞
かぼちゃ，色画用紙（黄土色・16切），ためし紙，クレヨン（灰緑），絵の具セット一式（各自）

＜指導方法＞
1. 園の畑で収穫するか，または，お店で買ってきたかぼちゃをよく観察します。
2. もう1つのかぼちゃを半分に切って，中がどのようになっているかを観察したり，煮たかぼちゃを味わいながら，かぼちゃについて話し合い，認識を深めます。
3. 黄土色の色画用紙を配布します。
4. まるの変形としてのかぼちゃの形を指でなぞって描いてみます（ビーチボールを見せて，向こう側とこっち側の線をよく確かめます）。
5. クレヨン（灰緑）でかぼちゃの形を描きます。
6. 絵の具（茶と緑）を混色し，ためし紙で確かめてみます。
7. クレヨンの線の方向で，8号の筆で彩色します。かぼちゃの下の方（地面に接していた部分）の黄色い色を見つけて彩色します。
8. 色画用紙（こげ茶色）の台紙（ふち1cm）に貼り，展示してから鑑賞し合います。

参考作品　　＊口絵ⅱ

10月 実践例「人物を描く（顔）」

＜ねらい＞
● 友だちの顔をよく観察して，その特徴や感情を表現します。
● 目，鼻，口，眉などの位置関係，バランスをとらえながら細部を描きます。

参考作品

<準備するもの>
色画用紙（クリーム色・16切），ためし紙，絵の具セット一式（各自），鉛筆（2B）
<指導方法>
1．友だち同士を2人組みにして，にらめっこや百面相あそびを楽しみます。
2．顔や髪の毛の形，色，質感，位置関係について話し合います。
3．鉛筆（2B）で眉毛が1本1本の線で方向をもっていることを観察させ，ためし紙に描いてみます。
4．目をよく観察し，白い目とこげちゃ色の瞳（虹彩）と，そのまた奥に黒い瞳（瞳孔）があること，ごみが入らないようにまつ毛が目を守っていることを知ります（鉛筆で部分を描きます）。
5．顔全体を観察させ，目の位置が中心または，中心より下になっていることを再認識してから，鉛筆でおおまかに描きます。
6．絵の具で顔全体を描き，おでこと鼻の頭は強い光があたっていることを白で描きます。
7．完全に乾いてから，髪の毛（茶と藍の混色）を描きます（筆6号）。
8．筆（0号）でまゆ毛や目を描きます。
9．鼻の穴，耳の穴，あごの下は少し暗く見えるので，基本のはだ色に茶を加えて表現します。
10．唇は朱色を基本にするが，上唇は少し影になることを観察し，下唇は光があたって明るく見えるように描きます。
11．ほっぺたの赤味は，基本の肌の色に朱色を混色して表現することをアドバイスします。
12．服の襟，上着（その日着ている服の色や模様）を描きます。
13．全体を見て気がついたこと，描き足りないところを描きます。
14．色画用紙（こげ茶色）の台紙（ふち1cm）に貼り，展示して感想を話し合います。

11月 実践例「人物を描く（全身）」

<ねらい>
●友だち同士（または，自分の姿を鏡に映し）よく全身を観察して表現します。
●頭，体，手，足の位置関係を正しくとらえます。
<準備するもの>
白画用紙（16切），ためし紙，絵の具セット一式（各自）
<指導方法>
1．モデルの子どもを1人前へ出し，全体を観察しながら，体の名称を話し合います。
2．体を中心に，頭，手，足があることを人形や絵本の絵を使っ

参考作品　＊口絵ⅲ

て再確認します。
3．はだかんぼう人間を描くことを知らせ，はだの色で保育者が描いて見せます。（体とへそが中心，首と頭，へその下の足と関節，肩関節と手，ひじ関節と指の順）
4．はだ色の混色（白・茶色，皮膚の色によって茶色を多くする）をためし紙で確かめます。
5．白画用紙（16切）を配布します。そっと折ってみて，画用紙のまん中を見つけます。茶色でおへそを描きます。
6．"グルグルまる"を描くように，かたまりとしての体を描きます（筆6号）。
7．首とその上の頭を"グルグルまる"で描きます。
8．おへそに戻って中心を確認し，その下の足，ひざ関節を"クルクルまる"で小さく描き，つま先まで描きます。
9．肩関節をさわって確認し，"クルクルまる"で描き，そこから下がる手を描きます。肘関節も"クルクルまる"で小さく描き，指先まで描きます。
10．手が長くないと，おしっこができないことをアドバイスすると手の長さを確認することができます。
11．完全に乾いてから，その日のモデルの着ていた服（または自分の着ている服）をはだかんぼうの上から，ピタピタと点描で描きます（こすると下の色が出てきます）。
12．0号の筆で髪の毛，目，口，ソックス，くつ，服の模様など細部を描きこみます（進行状況を見ながら，2回か3回に分けて指導することも考慮します）。
13．モデルの子どもを再度前に立たせ（または，自分の姿を鏡に映して）自分の描いた全身像と対比しながら，気がついたことを描きこみます。
14．色画用紙（濃紺）の台紙（ふち1cm）に貼り，展示し鑑賞し合います。

12月 実践例「人物を描く（動きのあるポーズ）」

＜ねらい＞
●あそんでいる様子を観察しながら，人間の動いている時の様子を描きます。
●体全体の動き（ムーブメント）を人形や自作教材（厚紙のマリオネット）を使って表現します。

＜準備するもの＞
白画用紙（4cm×10cm），ハサミ，色画用紙（空色・16切），ためし紙，絵の具セット一式（各自），鉛筆（2B）

参考作品　　＊口絵ⅲ

＜指導方法＞
1．保育者がつくった自作教材（厚紙のマリオネット）を見せて，関節の動きによって人物の動きが表現できることを知ります。

第4章 観察活動の指導

2．子どもたちが交替でポーズをとり，紙のマリオネットであそんでみます。
3．白画用紙（4cm×10cm）に紙人形の形（図10）を印刷したものを渡し，ハサミで切りとらせます。
4．頭，体，手，足がバラバラになった紙人形を正面向きに並べます。この形を基本形にして，両手を上にあげたポーズや両足をいっぱいに開いたポーズをつくってあそびます。
5．子どものモデルを出して，横向きで走っているポーズをとり，紙人形で走っているポーズをつくってみます。
6．紙人形はこわれやすいので，つくったポーズを針金人間「ホネホネマン」で描き残す方法を教えます（図11）。
7．モデルを交替で出し，小さいためし紙と同じ画用紙に鉛筆で「ホネホネマン・クロッキー（速写）」を描かせます（時間は2分，毎日1ポーズというのが望ましいです）。
8．たくさんのクロッキーの中から自分のお気に入りのポーズを1つ選ばせて，友だち同士もう一度そのポーズをとってもらって確認します。
9．色画用紙（空色）を配布し，中心の体を決めてからホネホネマン・クロッキーの動きを，鉛筆（2B）で描きます。
10．はだ色（白，茶の混色）をつくり，ホネホネマンの頭，手，足に0号の筆で肉づけをします。
11．自分，またはモデルになった友だちのその日の服装をもとに服やズボン（スカート）などを描きます。
12．顔に髪の毛や目，鼻，口を0号の筆で描かせます（小さい部分は色鉛筆やクレヨンで描いてもいいです）。
13．ソックスや靴，手にしている道具などを描きます。
14．白画用紙の台紙（ふち1cm）に貼り，壁に展示したり，1人1人が自分の絵を持って前に立ったりして感想を話し合います（自分の気持ち，他の子どもから見た感じ）。

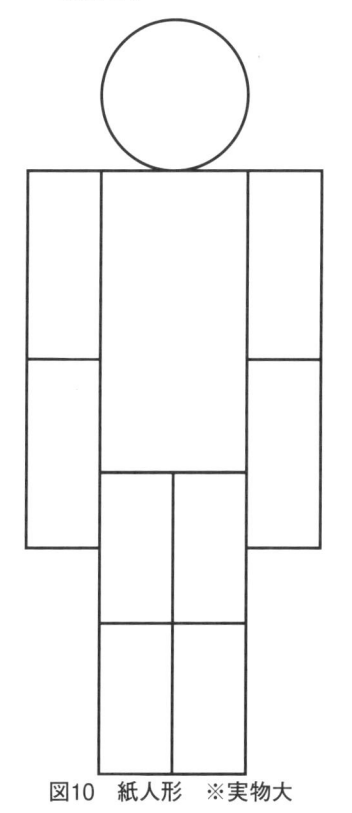

図10　紙人形　※実物大 　　参考作品 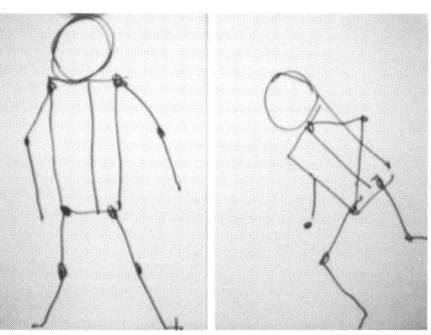　　図11　針金人間「ホネホネマン」

第5章 想像活動の指導

1 想像活動のねらい

① なぜ想像活動が必要か

　絵を描くということは，美しい世界を自分でつくりだすということです。その美しい世界というのは，観察活動によって自然の中の草花や樹木や木の葉や，さらに野菜や果物や人物などを再現することによって表現することができます。そのことによって，子どもたちの再現能力は高まり，深い認識力も形成されます。

　さらに，日常的に美しいものを求める心は，感性や豊かな感情を磨きあげます。人間のやさしさや思いやりの心，深く大きな愛や思想は絵を描くこと，観察活動によってより確かな力となって育まれていきます。

　ところが美しい世界というのは，自然や人間だけではありません。空想や想像によってもつくりだし表現することができます。また，**行事の体験や感動を，数日後になって思い出しながら描く**ことによって追体験し，新たな感動を覚えることもあります。

　行ったことのない国や見たことのない海の中の様子を写真や絵や絵本を通して知り，その経験を基にして自分で想像して描くこともできるし，過ぎ去った昔のことや昔話の世界を空想しながら表現することもできます。こうした想像力は，豊かな創造性を育み，多面的なものの見方ができる全面発達を形成します（形成能力ともいっています）。

　絵画表現は「観察活動」と「想像活動」と２つの側面をもっています。中には将来画家や彫刻家やデザイナーとして，専門的な芸術家の道に進む子どももいるかも知れません。しかし，絵画をはじめとする芸術の教育は，決して芸術家を育てるためにあるのではありません。健康で心豊かな人間として，人生を楽しく美しく生きるための基礎能力として絵画指導は大切な役割を果たしているのです。

② 何を教えたらよいか

　体験と経験の違いは前述したのでご理解いただけたと思います。「運動会」や「水族館見学」，「いもほり」などの行事は子どもたちが園生活の中で実際に体験したことです。ですから，「クリスマスの集い」も「もちつき大会」も「節分の豆まき」も**体験画**になります。

　行事以外には子どもたちは日常生活の中で様々な体験をします。「おさんぽ」，「草つみ」，「うさぎの飼育」，「花壇の世話」，「お掃除のお手伝い」，「外あそび」，「おにごっこ」，「鉄棒」，「ジャングルジム」，「砂場あそび」。これらを題材にした「くらしの絵」も**体験画**です。

　一般的に「自由画」と呼んで，子どもたちが日常の中の好きなことをテーマにして描く絵も，その多くは体験画であって指導があるかないかという点に違いがあるのです。

　そして，「**経験画**」は，実際の対象物を見ないで描くわけですから，「おはなしの絵」（物語の絵ともいいます）は**経験画**の代表です。都会の子は，かやぶきの家も，六地蔵も見たこ

とはありません。でも，おはなしや絵本や紙芝居などの「間接経験」を通して江戸時代の昔の暮らしや着物，髪型のことも知っています。知っていることの総合力を発揮して，1つの画面としての絵画を想像によって再構築していくわけです。

こうした絵が描けるためには基礎能力はもちろんのこと，観察活動や行事やくらしの絵の体験画や想像活動も必要になっていきますので，9月や10月の時期ではまだ困難でどうしても3学期の課題（1月～3月）や卒園製作として取り扱うことが多くなるでしょう。

日本のおはなしでは「かさじぞう」，「さるかに合戦」，「かもとりごんべい」，「つるのおんがえし」，「ねずみのすもう」，「一寸法師」などが5歳児にとってよく実践されています。

4歳児にはもっと単純な「おおきなかぶ」とか「スイミー」のような外国のおはなしや絵本が題材としては適しています。長いストーリーや登場者の多いおはなしは不向きです。短くて，単純でわかりやすいテーマの物語を探してみることです。そして，前述しましたが，**絵に描くということは造形課題があるかどうかも見逃してはいけません。物語は感動的でもなかなか絵画としては表現できない難しいおはなしもあります。**

「3びきのやぎのガラガラドン」では，大きいやぎとトロルの戦いがクライマックスではありますが，造形課題を考えると大中小の比較を表現することを考えて，トロルをやっつけた後3匹で向こうのお山へ行くところを表現するといいでしょう。

1つには，どこでも子どもの好きな場面を描かせるということを考えがちですが，文学的な感動と絵画（造形課題）が一致すればいいのですが，自由に選ぶというのは結構，難しいものです。**2つには，子どもたちで話し合って1つの場面にしぼるという方法があります。集団画の製作ではこの方法をとりますが，子どもたちに任せきってしまうのではなく，指導者である教師（保育者）の適切なアドバイスが必要です。3つ目が造形課題を最優先した方法で，遠近や重なり，リズム感やムーブメント（動勢）などが最も特徴的にあらわれている場面を選ぶという方法です。**

これら体験画，経験画の実践例は数多くありますので，観察活動の実践例と同じように年齢別，月別に紹介することはできませんがいくつかの実践例を紹介しますので，似たような題材を自分のクラス（自分の園）ではどのように展開できるか，指導計画を立てて実践してみてください。

2 どんな力がつくのか（実践例）

実践例「運動会（かけっこ）」（4，5歳児）

＜ねらい＞
●運動会の思い出を追体験して，想像によって表現します。
●人物の重なり，躍動感を表現します。

＜準備するもの＞
色画用紙（黄土色・8ツ切），ためし紙，絵の具セット一式（各自），鉛筆（2B）

＜指導方法＞
1. 運動会の数日後，運動会についての思い出を話し合います。その中から今回は「かけっこ」の様子を題材としてしぼっていきます。
2. 走った時の様子をそれぞれがポーズをとってみます。自分のポーズを鏡に写したり，友だちのポーズを見て，運動会のかけっこを追体験します。
3. 交替でモデルになり，針金人間「ホネホネマン・クロッキー」で描いてみます。
4. 体の前傾，首の位置，手，足の動きなど3枚ほどクロッキーをします（紙は5cm×10cm）。
5. 黄土色の色画用紙（横向き）の上に3枚のクロッキーをのせてみます。誰が速かったか，自分はどこか，空間の中に人物の位置関係と重なりなどを考えて，クロッキーを動かしてみます。
6. 鉛筆でクロッキーを基にして，「かけっこ」の様子を描きます。
7. 色画用紙を地色にして，空や大地は描かず人物の動きに集中して彩色します。
8. 「ホネホネマン」に頭と首を描き，手，足を描きます。次に服を着せます。
9. 0号の筆で顔や帽子や，ソックスや運動靴など細部を描きます。
10. 画用紙（白）の台紙（ふち2cm）に貼って，横に並べて展示し，鑑賞し合います。

参考作品

実践例「運動会（つなひき）」（4，5歳児）

＜ねらい＞
●運動会の思い出を追体験して，その感動を想像によって表現します。
●画面の中の基線（ベースライン）をとらえ，左右の人物の重なりを描きます。

＜準備するもの＞
色画用紙（黄土色・8ツ切を横半分に切ったもの），ためし紙，絵の具セット一式（各自），土粘土

＜指導方法＞
1. 運動会の数日後，スナップ写真をみんなで見ながら運動会の思い出を話し合います。その中から今回は「つなひき」の様子に題材をしぼっていきます。

第5章 想像活動の指導

参考作品

2．写真を見たり，自分たちで「つなひき」のポーズをとってみたりしながら，体の向きや頭，手，足の様子を追体験してみます。
3．わかったことを土粘土でかたまりとしてつくってみます。体に頭をつけ，ひっぱる手，ふんばる足，尻もちなど角度をつけてポーズ（動き）をつくります。
4．つくったポーズをテーブルの上で数人ずつ並べて「つなひき」の様子を再確認します。
5．黄土色の色画用紙を横に半分に折って，その折れ線（基線）にロープを描きます（まん中に結び目）。
6．ロープが乾いてから，はだ色をつくってはだかんぼう人間で人物を描きます。粘土と同じようにかたまりで体，首，頭，足，手の順で動きを表現します。
7．左向きの人物，右向きの人物を画面の空間を考えながら，6〜8人描きます。
8．はだかんぼう人間に，運動会の日の服装を考えながら服や帽子を描きます。
9．0号の筆で顔や靴などの細部を描きます。
10．写真には写っていますが，観客や会場の様子は省略します。
11．画用紙（白）の台紙（ふち1cm）に貼って展示し，思い出や絵についての感想を話し合います。

実践例「運動会（玉入れ）」（5歳児）

＜ねらい＞
●運動会の思い出を追体験して，その感動や情況を想像によって表現します。
●秋の空の空気遠近，画面を分割するポールとカゴ，そこに集中する人物の重なりと躍動感を表現します。
＜準備するもの＞
白画用紙（16切），ためし紙，絵の具セット一式（各自），鉛筆（2B）

参考作品

<指導方法>
1. 運動会の数日後，ホールや園庭で「玉入れ」あそびをしてみます。その後で，運動会の日の「玉入れ」の様子，お天気や会場の様子を思い出しながら話し合い追体験をします。
2. ためし紙で「紙人形」をつくり，机の上で玉を拾うポーズや投げ入れるポーズ，入った時の喜びのポーズをつくってみます。
3. 白画用紙（縦向き）を配布し，そっと横半分に折って天と地の分割線（基線）を鉛筆で描きます。
4. 秋の空の空気遠近，ちぎれ雲，グラウンドの地面や芝生を描きます。
5. 画用紙をそっと縦半分に折って，画面中央に玉入れのポールとカゴを描きます。
6. 紙人形でポーズをつくりながら，それをはだ色のはだかんぼう人間で描いていきます。
7. 立っている人，しゃがむ人，こっちの人，向こうの人，後ろ向きの人，横向きの人をわからない時は紙人形で確かめながら描いていきます。
8. はだかんぼう人間に，運動会の日の服装を思い出しながら描きます。
9. 会場の旗，テント，応援する人たちなど気づいたことを描きこみます。
10. 色画用紙（紺）の台紙（ふち1cm）に貼って展示してから鑑賞し合います。

実践例「発表会のようす」（4,5歳児）

<ねらい>
● お遊戯会や生活発表会の思い出を想像して表現します。
● 人物の動きや重なり，楽しい雰囲気を表現します。

<準備するもの>
白画用紙（8ツ切），ためし紙，絵の具セット一式（各自）

参考作品　　　＊口絵ⅲ

<指導方法>
1. 発表会の数日後，スナップ写真を見ながら楽しかったこと，失敗したことなどの思い出を話し合います。
2. 自分が出演した種目を確認し，その時の踊りや動きを再現してみます。
3. ためし紙を使って，はだかんぼう人間でポーズを描いてみます。
4. 白画用紙を配布します。その時の衣装が白の場合は色画用紙（その日の舞台幕の色）を配慮します。
5. 画用紙の上で，どこに何人描くか指でなぞって空間と位置関係を確かめます。
6. はだ色をつくり，はだかんぼう人間で発表会の時の人物を描きます。

7．発表会の衣装を思い出しながら，衣服や顔や飾りを描きこんでいきます。
8．5歳児では背景とステージの境（基線）の線や幕などを表現してもいいです。ただし，先に舞台幕を描くと主人公の人物が小さくなるので配慮が必要です。
9．色画用紙（青または緑）の台紙（ふち2cm）を貼り，展示しながら発表会の思い出を再度話し合いながら鑑賞します。

実践例「うたをうたうぼくたちわたしたち」（5歳児）

＜ねらい＞
● 発表会の中の歌を歌った時の思い出を想像して表現します。
● 人物の重なりを階段式遠近法で表現します（近くの人は下に，奥の人は上に）。

＜準備するもの＞
白画用紙（8ツ切），ためし紙，絵の具セット一式（各自）

＜指導方法＞

参考作品　　＊口絵ⅲ

1．発表会の数日後，発表会の中で歌った歌をみんなで歌ってみます。
2．発表会の日の様子や歌う前の気持ちや歌い終わった後の気持ちを思い出しながら話し合います。
3．ためし紙を使って人物を「内臓人間（図12）」で描いてみます。はだ色をつくり，おへそ，ぐにゃぐにゃ小腸，ぐるぐる大腸，にぎりこぶしの胃袋，心臓と左右の肺，食道の上の頭の順で描きます。おへその下の足，肩から下がる左右の手で裸の人物のプロモーションができ上がります。

4．白画用紙を配布します。ためし紙の人物を置いてみて，前の人は下へくること，後ろの人の足元は上になることを指導し，確かめます。
5．はだ色をつくって，「内臓人間」の方法で自分から描いていきます。自分との関係で周りの人物を描きます。
6．完全に乾いてから，人物に発表会の時の衣装を思い出しながら着せていきます。
7．細かな顔の様子は鉛筆や色鉛筆で描いてもいいです。絵の具で描く時は，筆（0号）を使います。
8．色画用紙（青または緑）の台紙（ふち2cm）に貼ってから展示します。

図12

9．作品について感想を話し合い，発表会の時の歌をみんなで歌います。

実践例「物語の絵・さるかに合戦」（4，5歳児）
＜ねらい＞
- 日本の昔話の中から題材を選び，物語の世界を想像によって描きます。
- 「さるかに合戦」の昔話の中で，大小の重なりなど造形課題を考慮して描きます。

＜準備するもの＞
色画用紙（黄土色・8ツ切），ためし紙，絵の具セット一式（各自）

参考作品

＜指導方法＞
1．日本の昔話の中から「さるかに合戦」を選び，絵本（『かにむかし』岩波書店──木下順二・作，清水崑・絵）を使って朗読します。
2．場面を確かめ，物語の流れを再確認します。
3．造形課題を考慮して，さるのぶつけた柿の実が当たって死んだお母さんがにから子どものかにがぞろぞろ這い出してくる場面を設定します。
4．絵本の清水崑氏の絵の墨汁と朱墨の絵本を鑑賞します。
5．絵の具の朱色を使って，ためし紙にかにを描いてみます（からだ→爪→足の順でかたまりとしてとらえます）。
6．黄土色の色画用紙の中央に，10号の丸筆を使ってお母さんがにを描きます。
7．6号の丸筆を使って，小さい子がにをお母さんがにの周りに，重なるようにたくさん描きます。
8．死んでしまったお母さんがにの眼と，元気な子がにの眼を0号の細い筆で描き込んでいきます。
9．色画用紙（こげ茶色）の台紙（ふち2cm）に貼ります。
10．清水崑氏の絵の絵本のかにと，自分の描いたかにを比較して自分の絵の良いところを見つけて話し合います。それぞれの作品を壁に展示して，お互いの絵の良いところを鑑賞し，話し合います。

実践例「物語の絵・おおきなかぶ」（4，5歳児）
＜ねらい＞
- 外国の昔話の中から題材を選び，物語の世界を想像によって描きます。

第5章 想像活動の指導

● 『おおきなかぶ』(福音館書店――Ａ．トルストイ・再話，内田莉莎子・訳，佐藤忠良・画)の絵本を題材にして，大きなものから小さなものへと造形課題を考慮して描きます。

＜準備するもの＞
画用紙（空色または白・8ツ切），ためし紙，絵の具セット一式（各自），鉛筆（2Ｂ）

＜指導方法＞
1．外国の昔話の中からロシア民話『おおきなかぶ』（福音館書店）を取り上げて朗読します。
2．ロシア民話であることを話し，建物や人物，服装など丁寧に見ながら確かめ読みをします。
3．みんなの力が結集して，はじめてかぶは抜けたのだから，そのテーマを表現するために，おじいさん，おばあさん，まごむすめ，いぬ，ねこ，ねずみを全部描くことを話し合います。
4．画用紙（8ツ切）を横にして，秋の空の空気遠近，地面と空との基線（ベースライン），人物から動物までの大小の重なりなど造形課題について話します。
5．基線を鉛筆で決めて描きます（基線を下にすると空が大きくなります。反対に基線を上にすると地面が広く上から見たようになります）。
6．絵の具で空の空気遠近，収穫の秋のちぎれ雲などを描きます。
7．大地の色と，頭を見せているかぶ（左側）と大きな葉っぱを描きます（葉っぱは黄土色とビリジアンの混色）。
8．はだかんぼう人間（または，ホネホネマン）の技法を使って，おじいさん，おばあさん，まごむすめを描きます。
9．4本足の動物（いぬ，ねこ，ねずみ）たちを描きます。
10．力を入れて頑張っている表情を描きます。
11．絵本の佐藤忠良氏の描いた絵を見直してみます。
12．外国の人（ロシア）の服装や帽子，スカーフ，靴など細部を描き込みます。
13．描きあがった作品を，色画用紙（濃紺）の台紙（ふち2cm）に貼ります。
14．4，5人ずつ作品を展示して鑑賞し合います。

参考作品

[参考資料] 美術教育カリキュラムのくみたて方[23]

5歳児の描画のための題材

No.	題材	材料	造形課題	指導内容
1	おもちゃの鳥	絵の具 木製の鳥笛（2〜3個）	模様，その基本的要素と配置 鳥の構成	・形の基本的分析（おもちゃの鳥の基本的特徴） ・鳥を描く順序と簡単な手法を示す ・自主的に考えさせてファンタジーを発達させる
2	（題材画）鳥のいる絵		鳥の構成	反復と定着をみる
3	おもちゃのカモ	粘土でつくる民族玩具 暗い色の紙	模様 動きのある鳥の構成 カモ	・描く順序と手法 ・粘土から描写へ ・前よりやや複雑化（いくつかの運動の要素の入ったポーズ） ・色紙の利用
4	（題材画）カモのいる絵		カモの構成	反復と定着 複雑化へ
5	にわとりの絵	絵の具 にわとりの，いろいろなおもちゃ	鳥の構成 にわとり	・描く順序と手法 ・にわとりを美しく描く（子どもと考えながら） ・感覚分析分離 ・前記よりもっと複雑
6	（題材画）生活の中のにわとり	絵の具	鳥の構成 にわとり	反復と定着 複雑化へ
7	金魚	セルロイドのおもちゃの金魚 鉛筆	軽く描く 細線描き（とぎれないように）やわらかくまる味をもったリズミカルな動作	・鉛筆の使い方 ・観察した魚の構成と習性の定着 ・形を線で考える ・描く順序と手法 ・すでに知っている手法に新しい輪郭の発見と手法を加える（ピンとしたヒレ，ウロコ）
8	（題材画）私たちの金魚鉢	絵の具 金魚と鉢 空色の紙	金魚の構成	・紙と金魚鉢との条件づけ ・様々な形の読み取り ・反復と定着 (1)金魚 (2)金魚鉢 (3)金魚のはなし (4)金魚の動き
9	おもちゃの犬(1)	絵の具 黒ビロードのおもちゃの犬	4本足の動物の複雑な外形	重ね塗りした斑点 ・胴体にして描いていく（ほとんどシルエット的） ・視・触・筋肉の感覚を使ってのおもちゃの観察
10	おもちゃの犬(2)	鉛筆 おもちゃの犬	輪郭の線の発見	・線で面をとらえる ・対象との一致を一度にさがし出す ・ケシゴムを使わせない
11	犬のこと		4本足の動物の複雑な外形	・技能の反復と定着 ・思考力と想像力 ・すでにもっている表現能力に，新たに獲得した技能を利用する
12	おもちゃの猫	おもちゃの猫	〃	〃
13	ぼくらの猫"ムルカ"		〃	・技能の反復と定着 ・動物の向きを色々にし，動物の姿を動きの中で描く
14	きつねのむかしばなし		〃	技能の反復と定着 基本的流れは同じだが複雑化へ

美術教育カリキュラムのくみたて方

15	人形を絵の具で描く	アップリケ 絵の具 人形	人形の身体の構成	アップリケで形あそびをする人間を描く事前の授業
16	美しいふちひだのついた服	鉛筆	淡い色の陰影 輪郭 装飾	・服を着た姿の表現の基本的部分の発見 動かない姿 <盛装した女の子>の授業前にする
17	盛装した女の子	絵の具 鉛筆	人形の身体の構成 人形 輪郭 装飾	・はじめに絵の具で描く ・つぎに鉛筆だけで描く ・手法と順序 ・衣装の輪郭 ・それに残りのものを描き加える ・はじめに裸の人形を描かして，それから服を着せるやり方はやめる
18	コーチャの体操	体操をやっている友達をモデル	動きのある人物像の構成	・手の基本的な動きの表現 ・身体の静止状態 （正面）
19	いろいろな服装をした姿		いろいろな人物像の構成	・いろいろな内容を描く （パパ，ママ，私）
20	「ペトルーシカがモミの木の周りで踊る」を主題とする２つの順序性の概要 《第一の授業》	絵の具	幅広い細長い紙に対象と比較	モミの木と人物を描く練習を繰り返す 手法と順序 ・モミの木の観察（若，老木の違い）モミの木だけを描く ・モミの木の周りでのあそび ・重なりを知らせる ・あらかじめ描いた絵を見せる ・ペトルーシカたちの場所を残してモミを描く
21	《第二の授業》	絵の具	幅広い細長い紙に対象を配置	様々な対象の配置や絵全体の明確さ
22	踊っている人形	装飾的で手の動きが対象でなくまるくなっている人形を見せる	手の動きが対象でない 人物像の構成 模様	動きと装飾 （踊る姿を表現する技法）
23	お祭りの私たち	絵の具	手足の動きのある人物像の構成	・力動感，装飾性（お祭りの気分） ・反復と定着
24	広葉樹	オレンジ 赤，黄の絵の具 剛毛の筆	装飾的手法 剛毛を立てて濃くぬる	葉の茂った印象 （いろいろなニュアンスをもった表現）
25	花の咲いている木	濃い白 赤色からうすめたバラ色	筆の使い方（新方法） 筆にバラ色（濃い白と赤）をつけ，筆を垂直にしてぬる	花の咲いている木の印象を中心に （いろいろなニュアンスをもった表現）
26	モミの木	絵の具	・装飾的手法と筆の使い方（新方法） ・筆先で軽くぬる ・幅広くぬりこみながら，だんだん紙から筆をはなしていく	・モミの木の枝をつけ，太い大枝からでている枝を描く ・枝をもじゃもじゃにする方法
27	モミの木の枝	白い紙（モミの枝をのせる紙） モミの木 鉛筆	いろいろな方向の細線描き	鉛筆と手の方向をかえて描く

28	サクラの枝	絵の具	・筆先で細いまっすぐな線を引く ・点を描くことの練習	・対象の特性を見ることになれさせる ・実物によって描くことを教える
29	柳の枝	絵の具 白,灰,バラ色	・筆先で細いまっすぐな線を引く ・点を描くことの練習 ・重ねぬり ・方向性	〃
30	フキ・タンポポの花	鉛筆	細線描き (強く,軽く,いろいろな長さ),単純化,装飾性	フキ,タンポポの花の特徴を絵に描き出す
31	タンポポ (花だけ)		〃	〃
32	ヒナギク		装飾的手法	・対象の特性をみることになれさせる ・実物によって描くことを教える
33	ヒナギクの花束	絵の具	装飾的手法	反復と定着
34	ヒナギクの咲き乱れる草原	絵の具	装飾的手法	反復と定着
35	キキョウ	鉛筆	下に向けて3回ぬる	花模様のおわんの表現
36	鳥笛(ゴーリキ地方)	鳥笛	たまご形 丸のくみだし 模様	2～3の特徴を描く(たまご形の胴,丸い頭,くちばし)
37	粘土玩具のカモ(キーロック地方)	粘土玩具のカモ	輪郭線 かきこみ模様	特徴(前よりも少し複雑)
38	ごく簡単な構成の家	絵の具 平等	・直角ぬり ・重ねぬり ・上下左右の間隔(正確に同じに描く)	・ごく簡単な構成の家の描き方を知る ・対象の2,3の特性をみる
39	家	鉛筆	細線描き	細線描きで,手の動きの調整と習熟
40	ぼくらの街	絵の具,または鉛筆	細線描き	反復と定着(いままでの家の複合)
41	お祭りの街	絵の具 お祭りのスケッチ	新しい配置のバリエイションの発見 装飾,かざり	反復と定着(複合)
42	普通(労働の日)の街		いままでの複合の利用	建物がそれぞれちがうことを知る 反復と定着
43	バス	絵の具 おもちゃのバス	長方形,まる 線と面の入りこみ	構成の特質を知る
44	ポベーダ形の乗用車	絵の具 おもちゃの自動車	線と面の入りこみ	反復と定着
45	(いろいろな木の表現を比較検討)			
46	花咲くリンゴの木	空色の紙 絵の具(白,灰,バラ,緑)	・知っている手法(筆の先)(材料の扱い方の習熟) ・木を描く練習(反復)	自然の美と見たことを表現する力 (観察と想像の繰り返し)
47	広葉樹	オレンジ,黄色の絵の具 剛毛の筆	・装飾的手法 剛毛を立てている	自然の美とそれに対しての観察と気分の表現 —性格的描写— ・いろいろなニュアンスをもった葉の茂った印象を描く

美術教育カリキュラムのくみたて方(1970年ロシア共和国・旧レニングラード幼稚園の実践)翻訳・芸術教育研究所

おわりに

　美術教育を専門にして，45年間中学校から短期大学と教職についていましたが，70歳を目前にしてようやく芸術教育研究所の客員研究員として初めての「絵画指導」の本を書き上げることができました。

　文中，「芸術教育研究所」とあるのは多田信作氏が創設した民間の教育研究所で，多田氏の『幼年教育講座7　絵の教育』は，幼児の美術教育におけるバイブル的な理論を展開した名著です。研究所は仮説をたて，海外の文献を集め，幼稚園・保育園の実践を出版し，啓蒙伝達する役目をもっています。それに対して「芸術教育の会」というのは研究所の指導のもとに実践，検証する会員の組織です。会員の大半は幼稚園・保育園の先生たちですが，小・中学校，短大，大学の先生たちも入る全国組織です。現在，芸術教育研究所の所長は2代目の多田千尋氏で，芸術教育の会の会長は私が務めています。

　乳幼児の「絵画指導」は，いまだに「子どもの絵は指導しない方がいい」とか「技術は教えるべきではない」と主張する人たちもいて，その発展は遅々としていますが，「子どもの豊かな創造性を高める」ためには基礎能力が必要であると主張した多田信作氏，それを実践で示した池田栄氏，松浦龍子氏の業績は大きかったと思います。

　池田氏の実践によって年齢別の系統的な発達が明らかになったし，「幼児の絵はこんなにも色彩が美しいものなのか」と，指導者の力量をつけなければならないことを知らされました。松浦氏は研究者でもあり，いまだに実践家でもあります。筆という用具の概念にとらわれず，題材によってはつま楊枝や竹串，とりわけ3歳未満児には綿棒が有効であることを発見し，優れた実践を展開しました。本論はこの3人の人たちの業績を主軸にすえて稿を進めた理論書でもあります。

　「自由画」は，決して間違いではありません。私たちの憧れであり，願いでもあります。しかし，放任画とは違います。自分の描きたいこと，伝えたいことを表現するためにはたくさんの「基礎能力」と技術の指導が大切であることを再度訴えたいと思います。

　「自由画が描けない子どもたち」「抑圧からの解放の，呼びかけだけでは変わらない子どもたち」が目の前にいます。50年前と今も悩みは変わっていません。だとしたら「描けない子どもたちのために」芸術教育研究所が全国各地の乳幼児教育の実践家と検証してきた新しい「絵画指導」の方法で実践してみてくださいと，心より願ってやみません。

　もう1つ影響を受けたのは，巻末に添付したソビエト連邦（現ロシア共和国）の幼稚園のカリキュラムでした。1970年日・ソ芸術教育シンポジウムの際に入手したレニングラードの幼稚園の資料です。それまで行事中心の題材，描画材中心のカリキュラムであった日本の美術教育に新しい科学的な視点での系統的なカリキュラムづくりを提示してくれました。

　この本の出版にあたって，多忙な中，編集作業を担当した山田恭代氏，多田千尋芸術教育研究所所長と黎明書房武馬久仁裕社長に心から感謝しております。

　2007年7月　　　　　　　　　　　　　　　　　　　　　　　　　　　　　著　者

＊註釈

1）浅利篤『児童画の秘密』黎明書房，1956年刊。
　中西良男『児童画の読み方』黎明書房，1957年刊。
2）創造美育協会，1958年，湯田中大会。
3）「新しい画の会」が一部美術教育の研究グループから，1959年「新しい絵の会」として全国組織になる。
4）1958年多田信作氏によって，新宿区旭町二葉保育園内に民間の教育研究所が設立された。子どもからお年寄りまでの「芸術文化」「福祉文化」「遊び文化」をテーマに，仮説を立て，実践し，理論化することを行う。
5）ハーバード・リード（植村鷹千代，水沢孝訳）『芸術による教育』美術出版社，1953年刊。
6）芸術教育研究所編『乳幼児の教育』創刊号，黎明書房，1978年。
7）深町修司『子どもの美術を歩む』アトリエ童心，1999年刊，p.202「新定画帖への挑戦」。
8）中野光『大正自由教育の研究』黎明書房，1968年刊。
9）1975年に，芸術教育研究所と幼稚園や小学校の教師，保育士，研究者などが中心となり発足。研究所が立てた研究や仮説を会員たちが実践する。
10）松浦龍子（芸術教育研究所監修）『テーマ別　楽しい幼児の絵の指導』黎明書房，1997年刊。
11）多田信作・丸山智子（芸術教育研究所編）『0〜3歳児の描画指導』黎明書房，1991年刊。
12）多田信作（芸術教育研究所編）『幼年教育講座7　絵の教育』黎明書房，1971年刊。
13）菅原道彦，多田信作，松岡義和（芸術教育研究所編）『伝承あそび12ヵ月』（全4巻）黎明書房，1972〜74年刊。後に全4巻を1冊にし『伝承あそび事典』（黎明書房，1985年）として刊行。
14）『心理学事典』（新版）平凡社，1981年刊。
15）芸術教育研究所編『手づくりのおもちゃをつくろう——0歳から3歳まで——』黎明書房，1976年。後に「4歳から9歳編」と合わせ，さらに大幅増補した『手づくりおもちゃ事典』（黎明書房，1987年）として刊行。
16）深町修司『子どもの美術と歩む』p.48。
17）多田信作『幼年教育講座7　絵の教育』p.49。
18）多田信作『幼年教育講座7　絵の教育』p.50。
19）芸術教育研究所編『伝承あそび事典』黎明書房，1985年刊。
20）芸術教育研究所編『手づくりのおもちゃをつくろう——0歳から3歳まで——』。
21）松浦龍子・遠山由美子・丸山智子（芸術教育研究所監修）『技法別　0・1・2歳児の楽しい描画表現活動』黎明書房，2004年刊，p.5。
22）多田信作『幼年教育講座7　絵の教育』p.60-61。
23）多田信作『幼年教育講座7　絵の教育』p.255「5歳児の描画のための題材（ロシア共和国・旧レニングラード幼稚園の実践）」（芸術教育研究所訳）。

監　修	芸術教育研究所

　　　　芸術教育を通して子どもたちの全面発達を育むための研究機関として，1953年に設立。美術，音楽，演劇，文学，工芸などさまざまな芸術教育の研究及び実践を進めている。1975年に教師や保育者等とともに芸術活動の研究・実践をサポートする組織「芸術教育の会」を発足。
　　　　定期的に芸術教育，幼児教育，おもちゃ関連の講座，セミナーも開催しており，受講生は3万人を超える。また，1984年より，おもちゃ美術館を開館し，世界のおもちゃの展示及び手づくりおもちゃ，おもちゃライブラリーなどの活動も展開。

著　者	松岡義和

　　　　日本大学芸術学部美術学科1960年卒。以来33年間中学校の美術教師をしながら，芸術教育の会会長，芸術教育研究所客員研究員として乳幼児の芸術教育の研究・実践をする。
　　　　1994年，市立名寄短期大学教授，2002年，市立名寄短期大学学長，2006年，市立名寄短期大学名誉教授。芸術教育研究所の夏の芸術教育学校で開校以来講師を務める。

企　画	多田千尋（芸術教育研究所所長）
編　集	山田恭代（芸術教育研究所）

この本の実践者及び協力者
　　　　やなせ幼稚園（神奈川県）　やなせ第二幼稚園（神奈川県）　かしのき保育園（東京都）　芸術教育研究所子どもアートスクール絵画教室（東京都）
　　　　こぐま保育園（北海道）：山本裕子　佐藤雅美　各務奈帆子　伊藤菜々美
　　　　忠和保育園（北海道）：千葉香織　木曽知治　佐々木祐子　和田文
　　　　北見マリヤ幼稚園（北海道）：平野式子　吉田紗里
　　　　美幌藤幼稚園（北海道）：浅野裕美子
　　　　池田栄　松浦龍子　遠山由美子　丸山智子　芸術教育の会会員

乳幼児の絵画指導

2007年8月20日　初版発行
2011年7月10日　3刷発行

監　修	芸術教育研究所
著　者	松岡義和
発行者	武馬久仁裕
印　刷	株式会社　太洋社
製　本	株式会社　太洋社
発行所	株式会社　黎明書房

460-0002　名古屋市中区丸の内3-6-27 EBSビル
☎052-962-3045　FAX 052-951-9065　振替・00880-1-59001
101-0051　東京連絡所・千代田区神田神保町1-32-2　南部ビル302号
☎03-3268-3470

落丁本・乱丁本はお取替します　　　　ISBN978-4-654-06085-6
Ⓒ ART EDUCATION INSTITUTE 2007, Printed in Japan

芸術教育研究所監修　松浦龍子著	保育のプロはじめの一歩①　3～5歳児の絵画指導のプロセスを紹介。身のまわりにある草花や食べ物を題材に，クレヨンをはじめ絵の具，色鉛筆を使った指導法を解説。

クレヨンからはじめる
幼児の絵画指導
B5／64頁（内カラー24頁）2000円

芸術教育研究所監修　松浦龍子著	保育のプロはじめの一歩④　3～5歳児の絵画指導のプロセスを紹介。食べ物や草花，飼っている動物など身近な題材で，絵の具を初めて使う子どもが興味をもって取り組める指導法。

幼児の絵画指導
"絵の具" はじめの一歩
B5／64頁（内カラー24頁）2000円

芸術教育研究所監修　松浦龍子・遠山由美子・丸山智子著	0・1・2歳児が楽しく取り組めるよう，なぐり描きやタンポ，スタンプ，シールなどの技法を使って工夫された描画表現活動の実際を，豊富な実例とともに詳しく紹介。

技法別　0・1・2歳児の
楽しい描画表現活動
B5／80頁（カラー32頁）2300円

芸術教育研究所・おもちゃ美術館編	なぐり描き，タンポで点描，うずまき線など，保育園・保育所での0～3歳児の表現活動を伸ばす指導法を年齢別に図を交えて紹介。混合保育の実践例も収録。

0～3歳児の描画指導
B5／171頁（カラー口絵4頁）2300円

芸術教育研究所監修　松浦龍子著	子どもと創ろう④　3・4・5歳児が思わず絵を描きたくなる指導方法を，花を描こう，食べ物を描こうなど，テーマ別に紹介。意欲を高める言葉がけの例や，描き方の手順を解説。

テーマ別　楽しい幼児の絵の指導
B5／96頁（カラー48頁）2300円

芸術教育研究所・おもちゃ美術館編	ジャージャーでてくる蛇口からの水，つぶつぶいっぱいとうもろこし，みんなで飼っているインコ，友だちの横向きの顔など，子どもたちが納得できる指導のプロセスを紹介。

3・4・5歳児の描画指導12ヵ月
B5／160頁（カラー口絵3頁）2200円

芸術教育研究所編	＜入門編＞付・色彩演習用カラーチャート　画材の性質・使い方，混色の技法，描画の技法，色彩の基礎知識など，実際の描画指導に即し解説。＜実技指導編＞　色彩を効果的に生かした幼児から中学生までの描画指導を体系的・科学的に展開し，主要画材の指導例を紹介。

描画のための色彩指導（全2巻）
B5変／113～127頁
入門編5800円・実技指導編5825円

多田信作著	どの子も遊びながら，たちまちすてきな絵が描ける画期的な指導法をイラスト，写真で紹介。水と友達になろう／花や根っこや土と友達になろう／虫と友達になろう／他。

たのしく　たのしく絵を描こう
B5／136頁（カラー48頁）3790円

芸術教育研究所企画　藤本和典著	虫・鳥・花と子どもをつなぐナチュラリスト入門　子どもの自然への好奇心を伸ばし，身の回りの小さな命が発するメッセージを読み取る知識や技術を，生き物図鑑やＱ＆Ａで紹介。

子どもと楽しむ
自然観察ガイド＆スキル
B5／80頁　2200円

※表示価格は本体価格です。別途消費税がかかります。